MINDSET VENCEDOR

ANDRÉ STROPPA

MINDSET VENCEDOR

REPROGRAME SUA MENTE PARA O SUCESSO

Academia

Preparação de textos: Karina Barbosa dos Santos
Diagramação: Project Nine Editorial
Revisão: Diego Franco Gonçales e Carmen T. S. Costa
Capa: Departamento de Criação da Editora Planeta do Brasil
Imagem de capa: Pieter van Gunst / Rijksmuseum / Rijksstudio

DADOS INTERNACIONAIS DE CATALOGAÇÃO NA PUBLICAÇÃO (CIP)
ANGÉLICA ILACQUA CRB-8/7057

Stroppa, André
Mindset vencedor: reprograme sua mente para o sucesso / André Stroppa. – São Paulo: Planeta do Brasil, 2018.
160 p.

ISBN: 978-85-422-1521-2

1. Empreendedorismo 2. Sucesso nos negócios 3. Marketing I. Título.

18-2058 CDD 658.4012

Índices para catálogo sistemático:
1. Empreendedorismo

2019
Todos os direitos desta edição reservados à
EDITORA PLANETA DO BRASIL LTDA.
Rua Bela Cintra, 986 – 4º andar
01415-002 – Consolação – São Paulo-SP
www.planetadelivros.com.br
faleconosco@editoraplaneta.com.br

Dedico este livro aos meus filhos, Gabriel e Bruno. Que tenham mais do que simplesmente sucesso, que tenham uma causa, um propósito. Pois dessa forma o sucesso e o fracasso são apenas eventos passageiros.

Quando se tem um propósito, o fracasso não machuca muito nem o sucesso ilude tanto, e a caminhada se torna uma grande aventura.

Desejo o mesmo a você, leitor.

SUMÁRIO

INTRODUÇÃO

Como alguém pode se tornar um empreendedor de sucesso? Será uma questão de talento para a coisa? É preciso nascer com um chip para isso? Trata-se simplesmente de uma questão de sorte? Tenho me aprofundando nessa questão durante os mais de vinte anos em que trabalho com desenvolvimento pessoal. Cheguei à conclusão de que, com o treinamento adequado e as informações necessárias, qualquer pessoa tem o potencial de ser bem-sucedida em seu negócio. Por que, então, nem todas as pessoas conseguem chegar lá? Essa questão sempre me intrigou.

Para desvendar esse mistério, fui direto à fonte. Conversei com empreendedores que tiveram uma trajetória fantástica de sucesso. Gente que começou do zero ou com pouquíssimos recursos e que chegou a resultados surpreendentes, não apenas em valores monetários – com faturamento anual na casa dos milhões –, como também na capacidade de transformar a vida de muita gente, inspirando e gerando oportunidades para que mais pessoas seguissem seu caminho. Eles são a prova de que a força para qualquer desafio que tenhamos na vida está dentro de nós mesmos. Todo ser humano é capaz de obter resultados extraordinários se entender como sua mente funciona e estiver altamente disposto a transformá-la para conquistar seus objetivos. É ter o tão falado "sangue nos olhos". A diferença está exatamente em colocar esse conhecimento em prática, dia após dia, enfrentando desafios que vão muito além daqueles de dentro do negócio. No empreendedorismo, desafio é o que não falta! Nas páginas que se seguem, você vai conhecer cada um deles, etapa por etapa. Foi muito interessante constatar que muda a história, muda o personagem, muda a cidade, muda a classe social, mas as provas são as mesmas, como se todo empreendedor tivesse que passar por elas para chegar ao ponto máximo. Isto eu posso garantir: o empreendedorismo não tem preconceito. Não escolhe pobre ou rico, não importa se você tem pouco estudo ou se está cheio de diplomas na parede.

Se você enxerga o empreendedorismo como um negócio arriscado, vai ver que essa percepção é uma questão de mindset que pode ser modificada. Quando você começa a entender a dinâmica de ter um negócio, percebe que ele exige um tipo diferente de envolvimento, com muita entrega. Um dia não é igual ao outro, aquela estabilidade de um trabalho assalariado não existe, mas, ao mesmo tempo, existe um mundo em que os desafios são maiores e as recompensas também podem ser muito maiores. Quando falo em recompensas, falo de se sentir fortalecido a cada dia, de ter aquela sensação de plenitude ao ver sua energia transformada em algo grandioso, que impacta mais pessoas, que transforma a sua vida e a vida da sua família. Isso é envolvente.

Desde que me conheço por gente, vivo essa energia empreendedora em casa. Meu pai era um microempresário, tinha uma lavanderia industrial. Nunca teve horário ou recebeu salário. Ele trabalhava muito, e eu, com 16 anos, fui trabalhar junto. Fui picado pelo bichinho do empreendedorismo: nunca me imaginei mandando currículo ou procurando emprego, nunca pensei em construir uma carreira como executivo em uma empresa. O único momento em que cogitei ter uma trajetória dentro de uma organização foi depois que tirei meu brevê de piloto – na época, cheguei a desejar uma vaga na Varig. Mas o empreendedorismo falou mais alto. Acabei me especializando em acrobacia aérea, e essa atividade virou um hobby, assim como o salto de paraquedas e o surfe – essa vertente autônoma e aventureira me ensinou a lidar com os riscos de forma natural. Eu me sinto seguro e feliz assim. Aprendi desde cedo a viver esta máxima: se eu, como empreendedor, for melhor hoje do que ontem, terei o melhor resultado de uma maneira mais rápida, direta e justa. O resultado só depende de mim. Mas empreender não é apenas se arriscar. Também posso dizer que, de berço, aprendi outra habilidade com a minha mãe: a habilidade de focar. Minha mãe, vale dizer, me ensinou mais com exemplos do que com palavras.

Acredito que essa fé em si mesmo e essa capacidade de se construir sozinho valem para todas as pessoas. Todo mundo pode evoluir continuamente. Foi por isso que, em 2005, fundei a Yod – Excelência Humana, instituição que tem a missão de auxiliar o desenvolvimento pessoal, acreditando na ampliação das habilidades humanas de forma prazerosa, sistematizada e contínua. Em meus cursos, venho tendo a oportunidade de treinar e acompanhar muita gente nesse processo de transformação. Pessoas que tinham um trabalho assalariado e morriam de medo de não dar certo como empreendedores. Pessoas que se sentiam frustradas com suas carreiras e queriam uma chance de se reinventar, mas não sabiam por onde começar. Acumulei uma boa amostra de *cases*: somente nos treinamentos de desenvolvimento pessoal – imersões de três dias – que ministrei (e ministro até hoje) na empresa de marketing multinível Hinode, já passaram mais de 10 mil pessoas. Dessa turma toda, vi muita gente que já tinha passado por dificuldades e problemas dos mais variados na vida. E essas pessoas tiveram incríveis insights! Elas foram capazes de transformar a própria vida, ganhar muito dinheiro, melhorar suas relações familiares e sua saúde, além de vibrar com a conquista de metas que um dia pareceram muito distantes. Muitas pessoas das primeiras turmas ainda estão na empresa como top líderes, porque continuaram acreditando em si mesmas e não pararam de crescer.

Todas as pessoas bem-sucedidas têm uma coisa em comum: elas assumem de fato o compromisso consigo mesmas. Esse processo não é mágico. Não, não é preciso ter nenhum poder sobrenatural para conseguir. Tudo está mais relacionado à persistência do que a um milagre que acontece da noite para o dia. Na verdade, um mindset empreendedor é algo que vai sendo construído dia após dia. Ser empreendedor não é um trabalho cotidiano, não é um trabalho repetitivo. Não! O tempo inteiro você tem que trabalhar sua mente, sua motivação, suas crenças, suas descrenças, seus medos... e sempre vão aparecer novos desafios. Como um jogo em que cada etapa traz uma novidade para ser superada.

Este livro vai ajudar você a construir, passo a passo, etapa a etapa, sua mente de sucesso. Você vai entender como seu cérebro funciona, aprender a fazer uma reprogramação de comportamentos e trazer para sua vida as conquistas que deseja alcançar. Você vai também conhecer de perto a trajetória de pessoas que conseguiram atingir o máximo do sucesso usando essas ferramentas, porque foram treinadas, seja por mim, seja pela vida. Você vai ver como elas lidaram com crenças, desafios financeiros, família, relacionamento amoroso... como driblaram seus medos, tomaram decisões importantes (e até arriscadas), gerenciaram expectativas, lidaram com fracassos e se reabasteceram para continuar na trilha do sucesso. Tudo isso está aqui, porque eu quero que você tenha o melhor desenvolvimento mental e pessoal para empreender. Não quero que você desista por uma causa comportamental. Vou dar ferramentas para que faça essa transição com consciência, porque ela é possível se você entender melhor o seu pensamento e as questões emocionais envolvidas nisso. O que eu quero oferecer é esse suporte e esse entendimento das estratégias mentais para uma mudança que vai levar sua vida a outro patamar. O americano Jim Rohn, que deixou um legado incrível para o marketing multinível, diz o seguinte: "Você não pode mudar o seu destino da noite para o dia, mas você pode mudar a sua direção da noite para o dia".

Então o meu objetivo aqui é dar um direcionamento consistente para você sonhar grande, mas sempre com os dois pés na realidade, fazendo acontecer todo dia. Se conseguir realizar uma mudança, mesmo que pequena, hoje, daqui a um ano, cinco anos, dez anos você terá feito grandes mudanças na sua vida. Se sentir o gostinho do sucesso da primeira meta alcançada, você saberá que é possível mudar e, então, partirá mais confiante para a próxima. Se você estiver disposto, se você quiser, conseguirá ser um empreendedor de sucesso. Será um prazer ajudá-lo nessa jornada e ter o seu *case* como mais um para contar.

Seja muito bem-vindo!

André Stroppa

DO COLCHÃO NO QUIOSQUE DA PRAIA AO TERNO DE 10 MIL REAIS

(Genisson Carvalho e Jaqueline Palma – 3 stars da Hinode)

Genisson ganhava a vida como garçom de um quiosque na praia, em Sergipe. Mas espere aí! "Ganhar a vida" não é a melhor expressão para falar do trabalho de Genisson. Ele, na verdade, matava um leão por dia, e o que ele ganhava mal dava para seu sustento. O quiosque de praia era de seu pai, e a família toda lutava muito para manter aquilo de pé e conseguir sobreviver. Genisson era casado com Jaqueline, e os dois não tinham dinheiro para comprar uma casa – muito menos para alugar um lugar para morar. Por isso, moravam no quiosque da praia, num cômodo em que mal cabia o colchão – cama era um luxo que eles não conseguiam bancar. O cômodo era tão pequeno que, para abrir a porta, era preciso levantar o colchão. A porta dava para a cozinha do bar, onde a mãe de Genisson trabalhava até as 2 da madrugada, hora em que o quiosque fechava. Ele e o pai atendiam no bar, mas depois do expediente não iam dormir. Era hora de fazer a segurança do estabelecimento. Seu pai ficava de tocaia a madrugada toda com um cassetete na mão para evitar assalto, o que era comum naquela região sem segurança. Às 5 da manhã, ele batia na porta do quartinho de Genisson. Era hora de mudar o turno. O filho ficava de vigia e o pai ia para a feira comprar os ingredientes dos pratos que a mãe prepararia no dia que se iniciava.

Não havia trégua. Mesmo com o trabalho suado, o rendimento era pouco. A família vivia em condições precárias e, como se não bastasse, afundava em dívidas. Genisson e Jaqueline começaram a buscar uma alternativa. E encontraram uma luz no fim do túnel num tal negócio chamado marketing multinível[1] de uma empresa de produtos de beleza. Basicamente, eles teriam que vender cosméticos e, para crescer, formar uma rede de vendedores, o que faria com que seus ganhos aumentassem.

Acharam o modelo de negócio bem interessante. Como garçom do barzinho do pai, ele sofria para cobrir os custos: tinha que pagar a mão de obra, tinha que comprar o peixe, prepará-lo e vendê-lo. Naquele novo negócio, o produto – perfumes, cremes... – já estava pronto. Era vender e pronto!

---

1. Marketing multinível: também conhecido como marketing de rede, é um modelo de negócio em que o empreendedor obtém lucro tanto com a revenda de produtos e serviços quanto com a formação de sua equipe de vendas, indicando outras pessoas para a sua rede. Nesse caso, seu faturamento é proporcional à receita gerada pelas vendas dos revendedores do seu time.

Animados com a ideia, ele e Jaqueline embarcaram no sonho de mudar de vida. Tinham fé de que, em algum momento, dariam a volta por cima.

A vida começou a melhorar. O empenho nas metas de apresentação do plano foi revertendo em dinheiro no bolso. Em cinco, seis meses, conseguiram comprar um carro, dar entrada num apartamento na planta. Isso era motivador para o casal, que já estava com três filhas e vislumbrava um futuro melhor para elas também. Quando estavam com 9 mil reais na conta, Jaqueline tirou o extrato 3 vezes, de tão emocionada – e só para ter o gostinho de ver aquele dinheiro todo. Pensou com Genisson: *Se já ganhamos 9 mil, podemos ganhar muito mais.*

Conforme o sucesso deles aumentava, o dinheiro ia para pequenas conquistas. Um mês, um vaso para a casa; outro mês, um jogo de talheres. No mês seguinte, foi a vez do micro-ondas. Jaqueline ficou emocionada quando chegou a máquina de lavar roupa. E se sentiu muito rica quando instalaram a caixa de ar-condicionado em seu quarto.

A batalha firme e forte em busca de resultados fez com que, enfim, Genisson conseguisse morar numa boa casa e levar os pais para morar com ele. O objetivo que ele tinha colocado para si, enfim, se realizava. Mas ainda havia muito o que conquistar. Hoje, moram no melhor condomínio da cidade – e na melhor casa que existe lá. Hoje o casal é uma referência na empresa. O closet de Genisson ganhou muito mais ternos, todos de lojas sofisticadas. Um deles chegou a custar 10 mil reais! O casal também comprou um prédio para reformar e alugar, a fim de garantir um renda para as filhas. E querem mais: vislumbram helicóptero, jatinho – a maior lancha do estado eles já têm – e desejam ajudar as pessoas da sua equipe a chegar aonde eles chegaram.

DEPOIS DE QUEBRAR TRÊS VEZES, UMA EMPRESA QUE FATURA MILHÕES

(Marcius David Fonseca Costa e André di Carlos Fonseca Costa – Clarity Glass)

Marcius começou a trabalhar com 13 anos. Ao lado de dois irmãos mais velhos, ajudava o pai, que tinha um pequeno negócio de vidros que sustentava a família de doze pessoas – pai, mãe e dez filhos – no interior de São Paulo. Saíam com uma Kombi velha e corriam as pastelarias da cidade para recolher o óleo queimado que era usado e não servia para mais nada. Misturado com gesso, o óleo virava uma massa de assentar vidro, que eles vendiam para vidraçarias.

Com o tempo, eles conseguiram fazer o pequeno negócio crescer e, como já conseguiam pegar mais óleo, passaram a vender também para uma empresa de sabão. Era uma oportunidade de fazer um dinheiro extra. Não durou muito.

O uso de óleo queimado como matéria-prima passou a ser proibido. Tiveram que mudar o esquema. Esse foi só o primeiro dos muitos reveses que Marcius enfrentou como empreendedor. Quando ele tinha 17 anos, o pai lhe fez uma proposta: abrirem uma pequena distribuidora de vidros com o dinheiro que o pai tinha recebido da venda de um terreno. Marcius topou na mesma hora. "Meu pai sempre foi um ídolo para mim. No que ele fizesse, eu estaria junto", conta. Em 1996, quando a distribuidora estava mais estabelecida, seu irmão André entrou no negócio também. Começaram a vender vidros para obras, compraram um lapidadora de vidros, e o negócio foi crescendo. Mas começaram também a surgir problemas. O negócio estava ficando difícil de tocar. Eram muitos donos, muitas ideias diferentes. Além disso, eles sofriam com a inadimplência de clientes maus pagadores. E, a essa altura, os pais de Marcius e André já estavam separados. "Até 2003, a empresa já tinha quebrado umas três vezes por má administração", conta André.

Dessa vez, a coisa tinha sido feia. Marcius chegou a pensar em mandar currículo para arrumar emprego. "Na hora que quebra, tem gente que se dá por vencida, mas é nesse momento que vira a chave. Eu nunca fiz nada na minha vida além de trabalhar com vidro, e resolvi continuar", conta Marcius. Desistir? Nunca foi uma opção. Foi com essa mentalidade que ele e André decidiram negociar as dívidas com os credores e seguir em frente no sonho de ter uma grande e reconhecida empresa de vidros. Trabalharam muito, montaram com as próprias mãos um forno de vidro temperado, conseguiram importar material da China. "A cada pequena vitória, nossa motivação ia aumentando", conta André. Hoje são mais de 400 funcionários, 16 caminhões, 10 mil metros quadrados de área fabril. E já estão montando uma nova fábrica para ampliar os negócios.

UMA PARCERIA DE AMOR – E DE CONQUISTAS MILIONÁRIAS

(André Roberti e Margarete Hensler)

André Roberti e Margarete Hensler se conheceram nos bastidores de um desfile do SBT. Apesar de o encontro ter sido em um momento que pode ser considerado de glamour, essa não era a realidade de nenhum dos dois. André trabalhava desde os 9 anos fazendo bicos. Foi de entregador de panfletos e empacotador de mercado a monstro do parque de diversões Playcenter. "Eu já tinha tentado muita coisa, mas, até os 19 anos, ainda não tinha conseguido nada consistente. Não dava mais para brincar", conta Margarete, que já tinha sido babá, office girl e, às vezes, fazia uns bicos como modelo e ajudava os pais em seus negócios, que, segundo ela, eles abriam e quebravam. "Isso porque não tinham a mentalidade de empreendedores", explica.

O encontro de André e Margarete foi, como no ditado popular, juntar a fome com a vontade de comer. Eles se apaixonaram e também se complementaram em seus projetos de vida. André sonhava alto e, com seus planos ambiciosos, contagiou Margarete, que sempre foi mais pé no chão. Ela, poupadora, tinha conseguido guardar 5 mil reais até os 20 anos. E emprestou o dinheiro para que André realizasse um de seus muitos objetivos ainda não concluídos: fazer um intercâmbio.

Depois da viagem, André colocou na cabeça que queria entrar na área de marketing multinível, pois tinha ficado maravilhado com o sucesso de uma empresa no exterior. Margarete foi contra. Ele se arriscou sozinho. Ela continuava em um emprego formal em um escritório de contabilidade. André, extremamente focado, começou a colher resultados e a ter mais qualidade de vida. Margarete continuou na mesma vida. "Ele ia para a praia durante a semana, e eu, presa dentro de um escritório", lembra. A gota d'água foi o dia em que, voltando do trabalho, ela pegou um metrô lotado no Anhangabaú, às 6 da tarde. O empurra-empurra e o aperto foram além do normal e, quando ela se desvencilhou da multidão, algo tinha acontecido: todos na estação estavam olhando para ela. "Eu me dei conta de que estava com todos os botões da camisa abertos. Naquele momento, quase 'nua', num ambiente público, eu falei: 'Não é isso que eu mereço'. Foi quando resolvi me juntar ao André", conta.

Ninguém foi capaz de segurar esses dois juntos no negócio. Bateram metas, quebraram a cara, lutaram contra preconceitos, superaram crises no relacionamento – não necessariamente nessa ordem. Mas nunca desistiram. Depois disso, veio muito mais. A mente deles estava sempre forte. Voaram longe! Uma das primeiras conquistas de André foi comprar uma BMW. Hoje ele anda de Ferrari.

As histórias de Genisson e Jaqueline, Marcius e André, André e Margarete são impressionantes. Trajetórias de sucesso que vão de um nível de perspectivas bem limitadas a um sucesso enorme, que continua dando frutos e crescendo! Se pensarmos que muita gente passa a vida inteira tentando obter sucesso e não conquista nada... Por que eles conseguiram? Por uma única razão: tinham uma mentalidade de sucesso. Eles – e muitos exemplos que você vai ver neste livro – são prova de que, sim, é possível mudar o mindset a qualquer momento e transformar a sua realidade. Existem muitos desafios ao longo desse processo, mas você pode superar cada um deles, desde que se comprometa com o seu objetivo. Se eles conseguiram, você também consegue.

CAPÍTULO 1

COMO A MENTE APRENDE

O PRIMEIRO PASSO PARA VOCÊ CONSTRUIR A SUA MENTE DE SUCESSO É ENTENDER COMO O SEU CÉREBRO FUNCIONA.

Para saber como é possível mudar o mindset, você precisa entender como a sua mente funciona. E já vou dizer uma coisa essencial para você acompanhar a lógica do cérebro. Sabe qual é a especialidade dele? Automatizar processos. Ele é assim para tornar tudo mais fácil e economizar energia. É por isso que existem muitas coisas que fazemos sem pensar. É o que chamamos de "fazer no piloto automático". Toda vez que aprendemos alguma coisa, num primeiro momento usamos toda a nossa capacidade mental para isso. É o momento do esforço, do empenho. Depois de muita dedicação, chega a hora em que aquilo está tão assimilado que parece que fazemos até mesmo sem pensar. Isso significa que nosso cérebro aprendeu aquela lição e que agora não precisamos mais gastar tanta energia para aquilo.

Vou dar um exemplo. Um dia, quando você era bem pequeno, seu cérebro usou o máximo da capacidade para que você aprendesse a se manter de pé e depois a andar. Hoje, você não pensa: *Vou ficar de pé e, para isso, preciso me equilibrar, dividindo o peso do meu corpo entre as duas pernas, sem cair para a frente nem para trás*. Isso é automático. Da mesma forma, você anda, corre, fala... tudo automaticamente.

Para aprender a ser um empreendedor de sucesso, o cérebro segue a mesma lógica. Em algum momento da vida, essa turma fera que apresentei no começo do livro precisou aprender a usar o mindset empreendedor. O cérebro dessas pessoas trabalhou com intensidade para mudar crenças, ajustar padrões de pensamento, ter novas respostas e atitudes para os desafios. A cada tropeço ao longo do caminho, elas pararam, reviram o modo certo de pensar e agir, ajustaram o rumo e seguiram em frente. A uma certa altura, perceberam que estavam no caminho certo e começaram a colher o resultado disso. Foi ficando cada vez mais natural pensar da nova maneira. Enfim, o chip da mentalidade de sucesso foi instalado na mente delas. Hoje elas também não param para pensar: *eu preciso agir como um empreendedor de sucesso.* Já são empreendedores de sucesso, incorporaram totalmente essa nova posição. Como eles, você também pode aprender. Então vamos lá entender mais esse negócio.

Se pudéssemos colocar num gráfico, o cérebro seria dividido da seguinte forma:

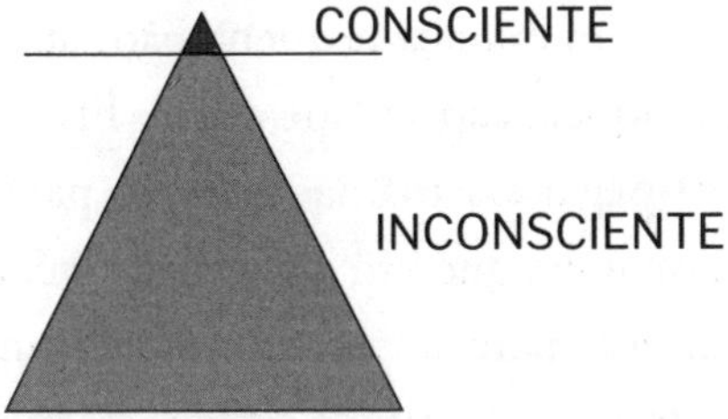

A parte maior corresponde ao inconsciente. E a parte menor, ao consciente. O que o cérebro faz? Cada vez que você aprende uma coisa nova, ela passa para o consciente para ser assimilada e depois vai para o inconsciente para ser automatizada. Não é à toa que o inconsciente é bem maior. Afinal, ele tem que ter muito espaço para ir armazenando tudo o que você aprende! Então, a maioria das coisas que você faz na sua vida é fruto da sua capacidade inconsciente. Seu inconsciente é quem dita como você vai dizer "bom-dia", como vai se aproximar de uma pessoa, se vai agir de uma forma ou de outra, como vai pensar... Ele cuida de você o tempo inteiro.

Tudo o que aprendemos vai parar no inconsciente. O processo de aprendizagem do cérebro passa por quatro estágios. Para você entender direito, vou explicar cada um deles com um exemplo bem fácil: como aprendemos a dirigir.

PRIMEIRO NÍVEL: INCOMPETÊNCIA INCONSCIENTE

Esse nível se resume em uma frase: é a situação em que você não sabe que não sabe.

Vamos ao exemplo! Um criança pequena não sabe dirigir nem tem ideia de que aquela capacidade existe. Ela entra no carro, sai do carro. O papai e a mamãe a levam para vários lugares, mas ela nem imagina que um dia os pais tiveram que aprender a dirigir, foram para a autoescola, fizeram uma prova teórica e outra prática para tirar a carteira de motorista e, enfim, conseguiram a permissão para dirigir.

No primeiro nível, a criança é **INCOMPETENTE = NÃO SABE DIRIGIR** e também é **INCONSCIENTE = NÃO TEM CONSCIÊNCIA DA SUA INCAPACIDADE.**

SEGUNDO NÍVEL: INCOMPETÊNCIA CONSCIENTE

Esse é o momento em que você descobre que existe uma capacidade, mas continua não sabendo dirigir.

No nosso exemplo, com o passar dos anos, a criança vai crescendo, ficando interessada pelo mundo à sua volta. Um dia, pede para a mãe ou para o pai: "Posso dirigir seu carro?". Certamente, vai ouvir um "não" como resposta, seguido da explicação de que ela precisa aprender a dirigir e de que ela não pode dirigir até completar 18 anos. Nesse momento, ela vai ter vontade de pegar o carro e sair por aí, mas sabe que vai ter que esperar. Vai sentir também o desejo de aprender, de conquistar esse conhecimento.

No segundo nível, a criança é **INCOMPETENTE = NÃO SABE DIRIGIR,** mas é também **CONSCIENTE = JÁ SABE QUE ESSA CAPACIDADE EXISTE.**

E um ponto essencial: isso a incomoda!

Se eu disser que existe um jeito de ganhar 30, 50, 100 mil reais por mês, a ponto de poder comprar um terno de 10 mil reais, você vai me perguntar: "Caramba, André, como é que faz isso?". A partir do momento em que você sabe disso, não tem como voltar atrás. Você passa automaticamente da **INCOMPETÊNCIA INCONSCIENTE** para a **INCOMPETÊNCIA CONSCIENTE.** Não dá mais para apagar essa informação.

Eu comecei o livro contando uma história que tinha exatamente este objetivo: passar você do estágio da **INCOMPETÊNCIA INCONSCIENTE** para o da **INCOMPETÊNCIA CONSCIENTE.**

Eu sei, quando temos consciência de que alguma coisa é possível, mas não sabemos ainda como consegui-la, sentimos um mal-estar. E esse incômodo faz com que comecemos a buscar essa nova habilidade – depois de saber da trajetória do Genisson e da Jaqueline, do Marcius e do André, do André e da Margarete, não deu mais vontade de ler este livro para saber como ter sucesso igual a eles? Deixei uma pulguinha atrás da sua orelha para fazer você tomar consciência de que a mudança de mentalidade é mesmo capaz de fazer você mudar de vida. Agora, é correr atrás do que o seu cérebro vai precisar aprender.

Esse incômodo é o ponto de partida para você começar a mudança e passar para o próximo nível. Exatamente nesse ponto existe algo que faz toda a diferença: a tomada de decisão. Se você tiver certeza de que essa mudança é realmente importante para sua vida, você passará para o terceiro nível. Se achar que ela não é importante, vai ficar onde está. O ser humano, de forma inata, tende a querer aprender. Mas nem todas as pessoas têm esse compromisso consigo mesmas – e cada um tem a sua justificativa para isso. E é por essa razão que muitas pessoas não chegam ao sucesso que gostariam. Elas até querem, mas não com aquela convicção toda. Algumas pessoas decidem viver sem habilidade e conviver com a frustração. Outras decidem aprender e se superar, até chegar a um novo – e melhor – patamar de vida. Esse último é o grupo dos empreendedores de sucesso.

TERCEIRO NÍVEL: CAPACIDADE CONSCIENTE

A criança cresceu e, enfim, está aprendendo a dirigir. No começo, nada parece simples: o carro morre, dá aqueles trancos. Ela já sabe o que tem de fazer, mas ainda está assimilando todos os movimentos. Prestar atenção nos outros carros, dar seta, mudar a marcha... tudo ao mesmo tempo – é difícil demais. Nesse momento, a pessoa está usando toda a sua capacidade consciente para aquilo. Se você tentar conversar enquanto ela estiver ao volante, certamente vai ouvir algo como: "Não fale comigo, estou dirigindo". Quando está focada em aprender, ela até desliga o rádio para não ter nenhuma distração. Ela está ali aprendendo, totalmente compenetrada.

No terceiro nível, a pessoa tem **CAPACIDADE = SABE DIRIGIR** e está **CONSCIENTE = USA TODA A CAPACIDADE DE APRENDIZADO DO CÉREBRO PARA EXECUTAR AQUILO.**

Nesse momento, o cérebro está em ritmo lento, compenetrado, assimilando todo o conhecimento. Se a pessoa tenta acelerar, pode cometer erros. Mas, com a prática e o tempo, chega uma hora em que todo aquele aprendizado é, enfim, adquirido. E, assim, passamos para o último nível:

QUARTO NÍVEL: CAPACIDADE INCONSCIENTE

A pessoa agora já tirou carta e dirige bem. Já repetiu tanto os movimentos que sabe exatamente o que tem que fazer. Ela muda de marcha automaticamente, troca a estação do rádio, conversa com os passageiros enquanto dirige. Nesse estágio, ela não usa mais a capacidade consciente. Está tudo no inconsciente.

No quarto nível, a pessoa tem **CAPACIDADE = SABE DIRIGIR** e está **INCONSCIENTE = NÃO PRECISA USAR A MENTE CONSCIENTE PARA DIRIGIR**

Tudo o que você aprende vai para o inconsciente: andar, dirigir... Todos os filmes que você já viu, todos os livros que você já leu, tudo o que você já viu alguém fazendo. Montar um negócio, ganhar dinheiro. As aprendizagens ficam todas ali no seu cérebro. Existe um estudo que diz que temos 2,5 petabytes (1 milhão de gigabytes) de informação guardados na nossa mente. Se fosse um conteúdo em HD, em vídeo e áudio, daria trezentos anos. Sim, é muita coisa! Agora, o importante não é necessariamente ter novas informações, mas, acima de tudo, saber usar aquilo que você tem, especialmente para treinar o seu cérebro para o sucesso. Vamos começar?

MENTALIDADE EMPREENDEDORA:

Eu posso aprender qualquer coisa, desde que me disponha a isso.

CAPÍTULO 2

SER UM EMPREENDEDOR DE SUCESSO É PARA MIM?

A MANEIRA COMO VOCÊ SE COLOCA E FAZ AS COISAS OU CONSEGUE SE IMAGINAR FAZENDO É O QUE VAI DETERMINAR O SEU SUCESSO.

Muitas pessoas que desejam ter um negócio se deparam com esta questão: "Será que eu nasci para ter sucesso como empreendedor?".

Afinal, o que é necessário para o sucesso? Vamos refletir. Muita gente acredita que a boa educação é a base de tudo. Ou seja, ter estudo – escola, faculdade, MBA... – é o caminho mais acertado para você ser bem-sucedido. Faz sentido. Quanto mais conhecimento você adquirir, maiores serão as suas chances de sair na frente dos outros e fazer sucesso. Mas é só isso o que conta? Mais ou menos. Você certamente conhece uma pessoa que não estudou em Harvard – e em nenhuma outra faculdade! –, ou que, em algumas situações, nem terminou o primário. E, ainda assim, essa pessoa consegue ter um negócio de muito sucesso. Eu aposto que você conhece alguém assim.

É bem provável, também, que você consiga me dizer o nome de pessoas muito intelectualizadas, que já fizeram mais de uma faculdade, leram centenas de livros e que... não têm sucesso. Existe uma razão para isso: o que vai determinar se uma pessoa será bem-sucedida não é a quantidade de informações que ela tem, mas como ela capta e usa essas informações no seu inconsciente. Isso não tem a ver com a capacidade racional. Tem a ver com a capacidade emocional.

Boa parte dos nossos conhecimentos é racional, fruto do que aprendemos na escola e de tudo o que adquirimos na teoria. Além desse repertório intelectual, temos também a capacidade emocional que desenvolvemos todos os dias através dos nossos relacionamentos. Aprimoramos essa habilidade tanto nas relações com as pessoas – os chamados relacionamentos interpessoais – quanto na relação intrapessoal, que é aquela que cada um tem consigo mesmo. A relação intrapessoal é o que você acha de si mesmo, a sua autoimagem, os seus diálogos internos.

Anote isto: a maior parte do sucesso que você tem é fruto da sua capacidade emocional e não da sua capacidade racional. A maneira como você se coloca, como você faz ou que você consegue se imaginar fazendo é o que vai determinar o seu sucesso.

Você já deve ter visto uma pessoa que, a princípio, parecia incapaz, que você achava que era boba. Você chegava a pensar: *Ela não vai conseguir isso. Imagina! Tem gente muito mais preparada que não conseguiu.* Mas ela estava lá, insistindo. Era chamada de doidinha, de ridícula, um monte de gente ria dela, mas ela persistiu quando a maioria das pessoas já teria desistido, e ela conseguiu! Isso significa que não basta uma bela formação acadêmica, não basta fazer os melhores cursos. Para ser um empreendedor de sucesso, sua capacidade emocional de lidar com seus sonhos vai fazer muito mais diferença do que apenas saber o que se deve fazer.

MENTALIDADE EMPREENDEDORA:

Posso ter muito conhecimento, mas o que determina o meu sucesso é o que a minha mente diz.

CAPÍTULO 3

A CARACTERÍSTICA NÃO NEGOCIÁVEL DA MENTE DE SUCESSO

NÃO SE TRATA DE TER UMA HABILIDADE ESPECIAL. É O PENSAMENTO: *EU VOU CONSEGUIR. VAI DAR CERTO.* E NÃO É UMA GRANDE TÉCNICA DE ABORDAGEM. É A MENTE BLINDADA.

Seria muito mais fácil fazer uma lista dos pré-requisitos para você ser uma pessoa de sucesso. Como se fosse uma receita de bolo. Assim, já saberíamos quem estaria no páreo e quem estaria fora. Vou contar uma coisa para você. Por um bom tempo, eu, que sou um estudioso da mentalidade humana, tentei traçar o perfil de um empreendedor de sucesso no marketing multinível, segmento no qual atuo fortemente, dando treinamentos para profissionais do ramo. Como se trata de uma área em que vejo pessoas atingindo um nível de sucesso extraordinário, venho fazendo muitas perguntas sobre elas. Quem são? De onde vêm? Quais são seus conhecimentos? Que atitude têm?

Listei algumas habilidades, com base na minha experiência de ter treinado milhares de pessoas, e fui a campo checar. Aqui estão algumas das várias hipóteses que eu tinha e minhas conclusões:

HIPÓTESE:
Um empreendedor de sucesso tem que saber falar bem.

Para atuar no marketing multinível, a pessoa tem que saber falar em público, tem que ser persuasiva. *Certamente essa característica é essencial para ter sucesso*, pensei. Pensei errado. Fui conversando com um, com outro e com outro, e vi que não era o caso. Alguns dos empreendedores que tinham sucesso eram persuasivos, mas outros, não.

CONCLUSÃO: ( ) SIM (X) NÃO

HIPÓTESE:
Um empreendedor de sucesso tem dinheiro para começar.

Afinal, é preciso um investimento inicial, e isso faz diferença! Realmente algumas pessoas que entravam no negócio tinham dinheiro e sucesso, mas também havia outras pessoas tendo sucesso sem dinheiro – ou até mesmo endividadas.

CONCLUSÃO: ( ) SIM (X) NÃO

Houve mais habilidades que eu imaginei serem essenciais e mais conclusões de que elas não se aplicavam a todos os empreendedores de sucesso. Eu bem que tentei chegar a uma conclusão com um estudo técnico, mas descobri que não é possível traçar um perfil. Isso pode parecer ruim, mas é, na verdade, uma ótima notícia, pois mostra que todo mundo tem chances de atingir o máximo resultado. Para isso, é preciso desenvolver uma capacidade especial que eu percebi em todos os empreendedores vitoriosos que conheci, desde pessoas com um nível intelectual excelente – gente que fala alemão, que investe na bolsa de valores – até aquelas que vêm de uma realidade bem humilde e não têm formação nenhuma. o que todos têm em comum é o **BRILHO NOS OLHOS.** Sangue nos olhos! todos os empreendedores de sucesso têm uma crença infundada de que o negócio vai dar certo, de um jeito ou de outro. Digo "crença infundada", porque, em determinado momento, quando se está no início de um negócio, não há nenhum dado real de que o sucesso virá. O que existe, basicamente, é uma fé em si mesmo, nos seus propósitos e no seu merecimento.

Então, o sucesso não vem necessariamente de uma habilidade teórica específica. Tem muito mais a ver com uma habilidade emocional que diz: "Eu vou conseguir. Vai dar certo".

Costumo dizer que, para quem quer ser um empreendedor de sucesso, o marketing multinível é uma grande escola. Como diz Eric Worre, em seu livro *Go Pro – 7 passos para se tornar um profissional do marketing de rede* (Rumo ao Topo), nessa área, toda a responsabilidade pelo sucesso é sua. Ela desenvolve certas habilidades emocionais que ajudam as pessoas a atingir suas metas, por mais difíceis que possam parecer. Quem passa pelos desafios do marketing multinível vai ter a mente forte para enfrentar qualquer desafio do mundo dos negócios. Quer um exemplo? No multinível, é preciso apresentar o negócio para muitas pessoas com o objetivo de cadastrá-las nele. E é preciso estar preparado para ouvir muitos "nãos". É muito interessante como as pessoas de mentalidade com foco no sucesso funcionam nessas situações. Em vez de desanimar a cada "não", elas pensam: *Opa, menos um "não"! Isso significa que estou mais perto do "sim"*. E, a cada "sim", o pensamento é: *Agora posso ouvir mais nove "nãos" até ter um novo "sim"*. O sucesso não é uma possibilidade. É um fato que, mais cedo ou mais tarde, vai acontecer.

Cá para nós, não é apenas no multinível que precisamos trazer a responsabilidade para nós mesmos. Empreendedores de outros mercados também apostam que esse é como um dos diferenciais de quem atinge seus objetivos. Mario Tramontina é um exemplo de empreendedor que se aprimorou dentro do multinível. Ele e seus sócios Rodrigo e Eduardo sempre viveram os desafios que os empresários têm hoje no Brasil. Batiam muito a cabeça, os negócios patinavam. Alguns não davam certo, outros quebravam... Havia até os que nem chegavam a operar por causa de dificuldade. “O que faltava era uma ferramenta que nos desse a oportunidade de alavancar, que fosse bem-sucedida e nos desse autoridade por ser um *case* de sucesso”, explica Mario. Foi então que surgiu a oportunidade de empreender como líder de marketing multinível. Nesse negócio, ele se encontrou e hoje tem uma rede com 41 franquias Hinode. O sucesso no mercado de cosméticos do multinível deu a ele know-how para ampliar ainda mais os negócios. Mario vê o multinível como a base do empreendedorismo: “O empreendedor do mercado multinível começa da maneira mais desafiadora, porque tem que fazer por si. Se ele consegue atingir as metas nesse mercado, de certa maneira vai ser mais tranquilo empreender em outras áreas”.

Mas, afinal, o que o multinível ensina de tão especial? Que o caminho mais certo para o sucesso é trabalhar forte, persistir e desenvolver a capacidade de resiliência – aquela que não deixa nenhuma dificuldade abalar suas convicções nem sua performance. “Em tudo na vida, se você quiser ser bem-sucedido, tem que buscar ser sempre o melhor. Não importa se você estudou ou não. Tem que ralar todo dia. Tem coisas que você não gosta de fazer, mas vai fazer porque é importante. Conforme cresce, você começa a mudar a forma de trabalhar, mas não deixa de trabalhar”, completa Mario.

Em outras palavras, o sucesso é o resultado de uma mente que está ciente de que o trabalho forte é o que importa, muito mais do que o diploma ou a classe social.

QUEM TEM A MENTE DE SUCESSO NÃO SE DEIXA ABALAR PELOS "NÃOS". A MENTE DE SUCESSO "TOMA PORRADA" E CONTINUA ANDANDO.

Outro ensinamento do marketing multinível – e que pode ser aplicado a todos os negócios – é o seguinte: você deve cuidar das suas emoções. É isso que vai fazer você crescer. Esse é um dos pilares do seu negócio. Cuidar da sua mentalidade, da sua energia. Estar forte mentalmente, emocionalmente. Pequenos detalhes, pequenas correções no modo de pensar podem trazer um resultado incrível. Entender como a mente funciona vai fazer uma diferença incrível no seu trabalho.

Tenha uma certeza, mesmo que ela não seja lógica, mesmo que ela não seja científica. Mas essa certeza emocional é o que faz você começar e continuar a caminhada.

O sucesso é para todos que saibam programar a mente para isso.

PAPO DE SUCESSO

Imagine que você tenha que escolher uma entre várias pessoas que estão começando a trabalhar no mesmo mercado que o seu e dizer: "Essa vai chegar lá". Quem seria?

Essa foi uma das perguntas que eu fiz para as pessoas de sucesso com quem conversei durante as minhas pesquisas para o livro. Veja algumas respostas:

Margarete Hensler: "Eu costumo dizer que, para funcionar no marketing multinível, a pessoa precisa ter os três Cs: competência, caráter e carisma. A competência é porque, se ela não consegue executar, não vai exercer um cargo de liderança. Se falta carisma, ela não cria engajamento. Mas essas duas habilidades ela pode aprender. Já o caráter é o mais difícil de mudar. Então, é o primeiro ponto. Você pode abrir mão do resultado, mas nunca do caráter. A gente já teve oportunidade de cadastrar líderes que dariam velocidade ao negócio, mas que a gente preferia não ter ao nosso lado por causa disso. Não queremos gerar desgaste, negatividade. O maior trabalho é estar com a energia boa. E outra característica fundamental: ser sonhador e ambicioso. Não adianta nada ser empreendedor, ter credibilidade, ter dinheiro para investir, ter bom relacionamento humano e não ser sonhador. Só o sonho gera o senso de urgência."

Genisson Carvalho: "Sem dúvida, escolho as pessoas mais comprometidas. São as pessoas que vão buscar. Para descobrir quem são as pessoas com quem vou trabalhar, dou oportunidade para todo mundo. Não excluo ninguém. E a gente logo vê o cara que tem uma atitude que vem de um desejo muito forte. Não é quem sabe mais, é quem faz mais."

MENTALIDADE EMPREENDEDORA:

Eu trabalho firme para o meu sucesso,
e nada vai me parar.

CAPÍTULO 4

MEDO: O GRANDE VILÃO DA MUDANÇA MENTAL

MUDAR GERA PERDA, MAS CONTINUAR NO MESMO LUGAR TAMBÉM GERA UM MONTE DE PERDA. MUITO MAIS DO QUE MUDAR!

As pessoas buscam ter uma vida mais harmônica, conquistar sucesso. Vejo muita gente se empenhar para isso, mas nem todo mundo consegue. Você já deve ter visto alguém que parece estar andando em círculos. O ganho financeiro não muda, a ideia de negócio não decola, não sai do lugar. O que acontece? Por que o sucesso é tão difícil em alguns casos? Bom, se isso estiver acontecendo com alguém que você conhece ou até mesmo com você, é bem provável que o problema esteja na repetição de um padrão de comportamento. Existe uma razão para isso. Fique esperto, porque vou mostrar aqui como a sua mente funciona quando você está exatamente nesse momento de mudança de mentalidade e como ela pode sabotar o seu plano de ser um empreendedor de sucesso.

Você já viu aquelas pessoas que moram em um lugar que alaga toda vez que chove? Elas costumam aparecer no noticiário contando que é o terceiro, quarto, quinto ano em que a casa alaga por causa da chuva daquela época. Os cômodos ficam cheios de água, elas perdem todos os móveis, tudo o que têm. Muitas vezes, é preciso subir para o telhado da casa para se proteger, se salvar de barco... E a gente que está lá, assistindo à TV, fica triste com o que acontece com as vítimas, mas ao mesmo tempo fica se perguntando: por que essas pessoas ainda não mudaram desse lugar? Dá vontade de falar assim: "Pelo amor de deus, mude de casa! Você vai ficar aí até quando? Você não está vendo que todo ano chove e acontece tudo de novo?". Certamente, se uma pessoa dessas for questionada, ela vai responder: "Não dá. É muito complicado mudar daqui, porque é a única coisa que eu tenho, é o único lugar que eu tenho". Não vão faltar desculpas verdadeiras para que a pessoa continue naquele lugar.

Quer a explicação psicológica para isso? Todos nós temos um lar emocional, que é um lugar conhecido, com sensações às quais estamos acostumados. Por muitas vezes, vivemos um padrão que não é o que desejamos, não é o que queremos. Em vários momentos, temos prejuízos emocionais, prejuízos no padrão de vida, mas permanecemos com o mesmo lar emocional. O lar emocional são os padrões de comportamento. Um dia, você aprendeu esses padrões, e agora eles estão lá, na categoria de capacidade inconsciente, se repetindo durante toda sua vida, sem que você perceba.

Basicamente, o que impede uma pessoa de mudar o lar emocional dela é o medo. Medo de algo desconhecido. É a falta de certeza. *Poxa, será que nesse outro lar vai ter tudo o que eu quero? Vai ter tudo o que eu preciso?* Se esse tipo de pensamento começar a rondar você, ligue o alerta vermelho! Fique atento! Abra os olhos! Por mais que você tente acreditar que não, o medo pode atrapalhar a construção da sua mentalidade de sucesso. Ele existe e age de várias formas. Vou explicar quais são elas, para ficar mais fácil de você perceber quando elas surgirem e lidar com elas.

O medo de dar errado

Primeiro, vem a sensação de que as coisas já deram errado outras vezes. Não adianta tapar o sol com a peneira. Em algum momento, quando você estiver começando a empreender, sua mente vai trazer esse pensamento, como um fantasma do passado que vem assombrar você: *Você deu errado.* Afinal, o que deu errado? A carreira em que você estava antes, o emprego que parecia ser para a vida toda. É bem comum lembrar do momento em que você entrou na empresa, dos sonhos, das promessas, de toda a expectativa: *Eu vou crescer, tenho um plano de carreira para mim, vou me tornar gerente, diretor.* De repente, surge uma demissão no meio do caminho ou você mesmo decide que a empresa não faz mais parte dos seus planos. Seja qual for o cenário, fica aquela conclusão: *Poxa, eu não consegui chegar aonde eu me propus.*

Pode ser também que o negócio – que um dia você achou que seria um sucesso – tenha quebrado. Talvez você tenha sido um microempresário e já tenha falado para os amigos que teria a melhor gráfica da região, ou a melhor pastelaria, ou oficina mecânica, mas não deu certo. Não tem jeito, você vai ter essa sensação incômoda de que não teve sucesso. E uma grande cilada da sua mente é trazer esse julgamento quando você tentar de novo.

O que vem na sequência? A conclusão: *Poxa, eu não consegui ser bem-sucedido, por isso estou aqui tentando de novo. Será que eu vou dar certo agora?*

Sua mente faz um filme dos seus momentos de fracasso e sugestiona você a fazer a leitura: *Isso vai dar errado mais uma vez.* Bobagem. Não se deixe impressionar por isso. Medo de dar errado não é um problema. Não existe um empreendedor que não tenha medo. *Será que eu vou dar conta? Será que o que eu sei é suficiente?* Eu vi uma vez uma entrevista com a atriz Irene Ravache. Ela tem muitas horas de palco. E na entrevista ela conta que, quando vai estrear uma peça, ela fica com um baita gelo na barriga. É comum. Dá esse nervoso. Então, vai com medo mesmo. Pode dar o nome que quiser: precaução, insegurança... Administre isso, porque vai acontecer sempre. A maneira como você lida com o seus medos é que vai determinar se você vai ter sucesso ou não.

O medo de perder o que tem

"Uma pessoa imatura pensa que todas as suas escolhas geram ganhos. Uma pessoa madura sabe que todas as suas escolhas geram perdas." Essa frase é do Augusto Cury e, se eu fosse você, levaria para a vida. Toda mudança gera uma perda. Talvez você me pergunte: "Mas, André, se eu me tornar um empresário bem-sucedido, isso será uma mudança positiva. Que perda eu vou ter?". Certamente você terá perdas. Talvez perca sua tranquilidade no fim de semana, pois um empresário pensa na sua empresa 24 horas por dia, 7 dias na semana. Até mudanças para melhor geram perdas! Por exemplo, ser mãe. Não é lindo ser mãe? Não é uma dádiva, não é uma benção? Mas a mulher, quando passa a ser mãe, deixa de ser filha.

Outro exemplo? Você está com muito trabalho, todo mundo chama você para prestar seu serviço. Qual a perda? Você não consegue mais ficar em casa vendo Netflix.

Robert Dilts, que foi um dos precursores da Programação Neurolinguística, coautor do livro *Crenças – Caminhos para a saúde e o bem-estar* (Summus Editorial), conta alguns exemplos sobre isso. Em seu livro, ele fala da história de sua mãe, que sofria de câncer de mama e recebeu a notícia de que estava com metástase. Diante da gravidade da situação, os médicos disseram que o prognóstico era muito ruim. Dilts e a mãe não se conformaram. Ele fez um trabalho de programação neurolinguística com a mãe, modificando as crenças que ela tinha sobre si mesma e sobre a doença. Ajudou a mãe a mudar algumas crenças limitantes e a lidar com conflitos importantes. Foi um processo intenso! Como resultado, ela teve uma melhora fantástica na saúde.

Mas nem todas as pessoas estão dispostas a mudar. Dilts continuou trabalhando com pessoas doentes e conheceu um rapaz que sofria de câncer no fígado. Quando lhe perguntei se algum lado dele se opunha à recuperação, o moço se mostrou hesitante. Ele disse que estava preocupado, porque já tinha feito uma festa de despedida para os amigos, e que todos haviam chorado. Ele já tinha praticamente se conformado com sua situação. E disse que, caso recuperasse sua saúde, não sabia se conseguiria sobreviver à imensa emoção da cura. Segundo Dilts, aquela crença do rapaz – que não sabia se era capaz de lidar com uma possível cura – era uma interferência para a mudança.

Essas histórias mostram que, mesmo para uma guinada positiva, precisamos estar abertos, sem conflitos ou medo de abrir mão da nossa condição atual. E devemos nos lembrar de uma coisa igualmente importante: mudar gera perda, mas continuar no mesmo lugar também gera um monte de perda.

O medo de perder o amor e a amizade das pessoas

Eu estava num curso conversando com uma senhora. Ela já tinha certa idade e me disse exatamente isto: "André, eu não consigo mudar porque não consigo criar esses novos padrões de empreender." Começamos a conversar, e ela conseguiu perceber que o que a impedia de empreender e mudar aquele padrão de comportamento – que não era positivo para ela – era o medo de perder o amor da avó que já havia falecido. Essa avó tinha crenças a respeito de dinheiro que eram contra o sucesso financeiro: acreditava que quem obtinha sucesso era mesquinho e tirava vantagem de pessoas mais simples. Essas ideias se consolidaram por anos e mais anos na cabeça daquela senhora. E ela precisava se livrar do fantasma das palavras da avó para poder ter sucesso.

O medo de ser ridicularizado

O fato de pertencermos a um grupo e estarmos engajados nele é uma coisa importantíssima para nossa mente. Temos essa necessidade instintivamente. Sabe qual é o pior castigo que você pode dar para uma pessoa? É prendê-la, tirá-la do grupo, excluí-la do convívio social. E, dentro da prisão, qual é o pior que pode acontecer? Ir para a solitária! Ficar sozinho num quarto, sem falar com ninguém. Não poder interagir!

Você já viu o filme *Náufrago*, em que o protagonista, vivido por Tom Hanks, fica sozinho numa ilha deserta? Ele enlouquece e começa a conversar com a bola, até coloca nela o nome de Wilson. Fica anos ali, cada vez mais doido.

A nossa mente necessita ser aceita, mesmo que não vá fazer de tudo para agradar os outros. Entrar em um novo negócio que seu grupo social não conhece, não entende, não aceita, pode dar medo. Medo de perder o convívio com o grupo. *E se eles rirem de mim? Se me ignorarem? Se me tirarem do grupo?* Isso pode acontecer, e é importante você saber disso para poder administrar.

O medo de não ter as capacidades necessárias

Esse medo também é conhecido como "síndrome do impostor". É aquela sensação de que você não merece o sucesso que tem. Que você é uma farsa e uma hora será descoberto. Escreva uma coisa: dificilmente alguém terá todas as capacidades necessárias. Mas você vai dar um jeito!

Exercício: Mentalização para mudar sem medo

O exercício que você vai fazer aqui é muito simples. Agora você vai, por um instante, fechar os olhos e pensar no lar emocional que deseja ter. Como seria sua vida se você pudesse construir algo que fosse ideal, que tivesse tudo o que você deseja? Permita-se visualizar isso por um instante. Como você se sentiria? Como as pessoas que você ama se sentiriam? Coloque as pessoas dentro desse novo lar emocional que você está criando. Imagine essas pessoas se sentindo bem. Imagine as pessoas mais importantes para você, juntas, ao seu lado, nesse seu lar emocional. Como é que você se vê? Como você se sente? Você tem orgulho de si mesmo? Imagine como vai ser a sua autoimagem. Sinta-se nesse lugar. Como está o seu corpo? Como está sua saúde? E como estão suas finanças? Imagine tudo isso acontecendo e imagine-se feliz com isso, perto das pessoas importantes para você. Coloque as pessoas com você nesse lar emocional que está criando. Se você fizer isso todos os dias por noventa dias, tenho certeza absoluta de que a sua vida vai começar a mudar. Esse exercício não leva mais do que cinco minutos, mas eu tenho certeza de que, em pouco tempo, a sua vida vai passar por transformações significativas.

MENTALIDADE EMPREENDEDORA:

Eu me imagino realizado, bem-sucedido e feliz, compartilhando tudo isso com as pessoas que amo.

CAPÍTULO 5

TOME A SUA DECISÃO

É IMPORTANTE QUE VOCÊ CONCENTRE TODA A SUA ENERGIA PARA FAZER AQUILO ACONTECER E NÃO VOLTAR ATRÁS.

Um dos sentimentos que mais atrapalham a jornada de um empreendedor de sucesso é a dúvida. Costumo dizer que, quando vive esse estado de incerteza, a pessoa fica no limbo, pensando: *Eu não sei... Talvez isso dê certo... Talvez não dê... Talvez eu consiga... Talvez não...* Vou dizer uma coisa: esse tipo de indecisão trava você e atrasa o seu progresso em qualquer área de atuação. Eu sei que essa sensação é normal quando você decide empreender pela primeira vez, naquele momento de dizer "É isso o que eu quero para a minha vida" e seguir em frente. Mas por que é tão comum ficar com um pé atrás, mesmo quando a mudança promete ser para melhor?

A grande dificuldade está em romper com o antigo e mudar sua atitude para dar o próximo passo rumo a algo novo. Se até hoje você agiu de uma maneira que não dava os resultados que você queria, terá que se abrir para sair da mesmice, inovar e deixar de lado aquilo que não vinha dando certo. Isso não é fácil de colocar em prática, porque nossa mente está acostumada a pensar de um determinado jeito, está na famosa zona de conforto. Talvez você esteja justamente nesse ponto. Já fez um monte de cursos, leu um monte de livros e tem uma sensação nada agradável de que não saiu do lugar. Parece até que essa história de ser empreendedor não funciona para você. O que está faltando? Por que algumas pessoas conseguem mudar de vida e começam a ter sucesso, mas você ainda sente que está patinando?

Essa é a sua deixa para ensinar ao seu cérebro as novidades que você quer colocar na sua vida. No caso, ser um empreendedor de sucesso. Agora, em relação a esse assunto, sua mente está no estado da incompetência consciente, que você conheceu logo no começo do livro. A próxima fase será a da capacidade consciente, quando você começará a mudar e a colocar em prática os aprendizados que receber em livros, cursos, treinamentos com pessoas mais experientes no mercado... Mas, para isso dar resultado agora, você precisa **decidir** fazer isso! Não basta ficar na teoria. Tem que partir para a prática, mesmo que ainda seja difícil, mesmo que você ainda não se sinta confortável na nova pele. Essa fase de construção e, principalmente, de ação é muito importante, pois é nela que você vai construir a base da sua mente empreendedora até que as habilidades cheguem à capacidade inconsciente, que é o momento em que você já está se sentindo à vontade no novo jeito de ser e de pensar. São esses primeiros passos que considero os mais difíceis, aqueles que vão tirar de você a sensação de não sair do lugar.

O maior palestrante e coach da atualidade, Tony Robbins, diz que uma das atitudes mais poderosas que existem é a tomada de decisão. Ele diz: "Tome decisões com frequência. Quanto mais decisões você tomar, melhores elas serão. Os músculos se fortalecem com o uso, e o mesmo acontece com os seus músculos de tomar decisões. Libere seu poder agora mesmo, tomando alguma decisão que você vem adiando. Você não vai acreditar na energia e na animação que isso criará na sua vida!".

Vejo essa transformação acontecer com as pessoas de sucesso. Elas estão sempre decidindo alguma coisa: *Vou bater aquela meta, e nada vai me impedir. Vou trabalhar em ritmo forte todo dia*. Elas não ficam no limbo, no estado de desânimo. Elas se energizam com a decisão.

A decisão faz virar a chave e mudar o mindset. Como se faz isso? Muito bem. O sucesso é uma arte, não uma técnica. Se fosse técnica, aplicaríamos para todas as pessoas um único procedimento, e todo mundo teria sucesso de maneira igual. O sucesso é como a arte, porque depende, acima de qualquer outra coisa, do indivíduo, do seu estado de espírito. Como disse Pablo Picasso: "Na arte, procurar não significa nada. O que importa é encontrar". Vamos trocar a palavra "arte" por "sucesso": "No sucesso, procurar não significa nada. O que importa é encontrar". E você encontra como? Com a decisão.

Para cada um, essa decisão vem num momento diferente, em uma condição diferente. Algumas pessoas, por estarem com muitas dívidas para pagar, decidem dar um basta. Não aguentam mais perder noites de sono sem saber onde vão conseguir dinheiro, não suportam mais a vergonha de ver o nome sujo, não querem mais passar pela situação constrangedora de pedir dinheiro emprestado – ou de ficar com uma dívida cada vez maior no cheque especial. Pode ser que essas pessoas tenham convivido anos e mais anos com a dificuldade de pagar contas, mas chega um momento em que elas resolvem tirar isso de suas vidas! É como se dissessem do fundo do coração: "Eu não aguento mais, eu preciso mudar a minha vida, eu não quero mais viver dessa maneira, eu não mereço isso! Tenho que modificar minha maneira de ser, a minha forma de agir". Esse é o momento mágico da tomada de decisão! É quando você define para si mesmo que aquela situação de dificuldade não tem mais espaço em sua vida. Você assume um compromisso consigo mesmo e passa a ter um padrão mental diferente.

Existem outras pessoas que tomam a decisão quando começam a conviver com gente de mais sucesso. *Que carro bonito! Que legal aquele bairro para eu morar com a minha família! Como deve ser bacana passar as férias naquele país!* Ao se deparar com toda essa realidade, elas passam a se perguntar: *Por que eu não tenho essas coisas também?* Isso acontece muito quando alguém entra no negócio de marketing multinível. Existem líderes que estão ali há mais tempo e já conquistaram muito sucesso. Esse pessoal tem um poder aquisitivo alto, pode trocar de carro todo ano, ter uma roupa de grife... Enquanto tem gente que se limita a sentir inveja, outras, ao verem que tudo isso é possível, tomam uma decisão e começam a se mexer para conseguir também. O universo é abundante. Não existe uma cota de permissão de pessoas bem-sucedidas. Todos que tomarem sua decisão de ter sucesso conseguirão o que desejam. Já vi também muitas pessoas fazerem os meus cursos e falarem: "André, é impressionante! Eu saí do seu curso e passei a ter um sucesso incrível". Foi ali que essas pessoas perceberam seu potencial e decidiram de uma vez por todas usá-lo para terem uma vida melhor. E existem pessoas que tomam uma decisão depois de viverem uma experiência boa de vida. Foi o que aconteceu com o Felipe Morais. Ele definiu, ainda criança, que seria bem-sucedido. Veja que interessante: essa decisão veio da experiência de brincar na casa do melhor amigo, que era da família mais rica da cidade, no interior de Minas Gerais. O amigo tinha uma casa grande, muitos brinquedos. Felipe adorava vivenciar aquela experiência de poder se divertir, ter espaço, ter conforto.

E sabe por que tomar a decisão dá tão certo? Porque, nesse momento, você está contagiado por uma energia muito forte. É importante que, nessa hora, você coloque toda a sua força mental no seu objetivo, para fazer acontecer. Quanto mais potência você colocar, melhor vai ser o seu resultado, mais forte vai ser sua crença no sucesso e ninguém vai segurar você! Para fazer a mente mudar, não há uma saída meio-termo, é essencial bater o martelo. E não voltar atrás.

MENTALIDADE EMPREENDEDORA:

Tomar decisões é poderoso. Eu tenho o hábito de tomar decisões e transformo minha vida com elas.

CAPÍTULO 6

SAMUEL E DEYSE SÓ MUDARAM DE VIDA DEPOIS DE DAR UM BASTA!

Aos 44 anos, Deyse Thompson tinha três filhas e vivia, ao lado do marido Samuel Azevedo, muitas dificuldades financeiras. Nas palavras dela: "A gente estava numa situação muito difícil. Não vivia, sobrevivia. No Natal, eu só conseguia dar um presente para as minhas filhas: um par de tênis para cada uma. Era com esse que elas andariam o ano todo. Para ir para a escola, para passear. Quando rasgava, passavam cola, porque não dava para comprar outro. Para eu ter uma roupa nova, aceitava a doação das amigas, que repassavam as peças usadas que não queriam mais. Por um ano e meio, recebemos uma cesta básica mensal de uma entidade religiosa com mantimentos. Eu não podia reclamar das doações – ainda bem que existiam pessoas que nos ajudavam –, mas não me sentia feliz por ter que passar por isso. Pedia a Deus uma libertação financeira". Para conseguirem mudar de vida, Deyse e Samuel empreenderam de várias maneiras. Fizeram cosméticos para vender, cestas de Natal... Mas nada deslanchava. Até que tiveram a oportunidade de trabalhar no marketing multinível. Naquele momento, eles tinham acabado de conseguir juntar o valor equivalente a 3 parcelas de um carro que haviam financiado, 1.800 reais. Coincidentemente, esse era também o valor necessário para investirem no combo de cosméticos da empresa. Em vez de pagar o carro, optaram por dar um "passo de fé", como diz Deyse, e foram com tudo no negócio. O começo foi complicado, pois as vendas dos cosméticos demoraram a deslanchar. Sem dinheiro entrando, ficaram inadimplentes e perderam o carro. Mesmo assim, não desistiram. Iam trabalhar a pé e de ônibus em Curitiba num frio de 0°C. Por fim, todo o empenho começou a dar retorno. Eles entraram no ritmo do negócio e hoje são líderes de destaque na rede de multinível. "A maior motivação foi nossa família e a nossa grande vontade de mudar de vida. A gente sentia que nosso lugar não era ali naquela casa, naquele bairro onde a gente morava. Quando você chega a um ponto na vida em que não tem mais opção, você faz a coisa dar certo. Eu acredito que, se fosse qualquer outro negócio, ia dar certo também, porque a decisão é mental", conclui Deyse.

PAPO DE SUCESSO

Qual foi o momento em que você decidiu, de uma vez por todas, ter sucesso?

Nas minhas conversas com os empreendedores de sucesso, também fiz essa pergunta. As respostas mostram que o botão da decisão pode ser acionado por razões bem pessoais. Veja só:

Margarete Hensler: "Meu padrinho chegou a falecer no hospital público, e a gente não tinha dinheiro para ajudar. Eu decidi que nunca mais alguém que eu amasse passaria por aquilo. E só dependia de mim fazer algo diferente. Eu tinha que trabalhar mais, fazer mais."

Genisson Carvalho: "Foi quando o mar avançou no quiosque de praia do meu pai e começou a derrubar as paredes. O meu pai queria comprar pedras para segurar as paredes, e eu dizia: 'Vamos tirar as caixas, vamos tirar tudo, porque vai cair'. Naquele momento, eu tive certeza de que ali não ia rolar. Eu sabia que eu precisava me salvar para depois salvar alguém. A decisão que eu e a Jaque tomamos foi a de conseguir ter uma casa e trazer meus pais para morar com a gente."

MENTALIDADE EMPREENDEDORA:

Eu sei qual é o sofrimento que não quero mais ter. E isso me dá forças para seguir firme no meu propósito.

CAPÍTULO 7

O MOMENTO DA TRANSIÇÃO

NÃO DEIXE SUA MENTE ENTRAR EM QUESTÕES COMO: SERÁ QUE EU MEREÇO TER SUCESSO? SERÁ QUE EU NASCI PARA ISSO? SERÁ QUE EU TENHO TODAS AS CAPACIDADES NECESSÁRIAS?

Todas as pessoas que decidem empreender passam por um momento de transição. E aí surgem emoções que nem sempre são agradáveis. A primeira delas é a sensação de vazio. Você não está mais na atividade que exercia no passado, seja um emprego assalariado, seja um trabalho como profissional liberal... E você também ainda não é um empreendedor de fato. Existe um plano de se tornar um, mas ele ainda está em construção – e bem no início da obra. Ainda será preciso colocar todo o prédio de pé.

Esse momento gera expectativa e pode dar um nó no estômago. Afinal, quando você está começando uma coisa pela primeira vez, não sabe bem como ela vai funcionar. Não tem uma ideia exata do que esperar. Você pode, inclusive, ter dúvidas a respeito de si mesmo, do próprio desempenho. *Será que vou dar conta? Será que tomei a decisão certa?* É natural que isso aconteça e que pensamentos como esses fiquem rondando a mente. Algumas pessoas conseguem viver relativamente bem com a mudança e com esse tipo de questionamento. Outras têm dificuldade de lidar com essa fase. Para atravessar essa ponte, acho importante compreender tudo o que está em jogo quando vivemos uma mudança. É muita coisa! Quer exemplos? A rotina: se você tinha um horário fixo de trabalho, agora vai ter que gerenciar sozinho seu tempo. As finanças: o salário não cai mais na conta todo mês naquela data determinada. Agora o ganho só entra se você tiver resultado. A sua perspectiva de crescer e de ganhar mais é grande, mas a responsabilidade aumenta também. Percebe que não vai ter ninguém que faça por você. Então, por mais que dê frio na barriga, é hora de ir em frente para começar a colher resultados e ter novamente onde se apoiar.

Guarde esta frase:

O MOMENTO EM QUE UMA COISA ACABA É EXATAMENTE O MOMENTO EM QUE OUTRA COISA COMEÇA.

Uma imagem que eu gosto de usar para explicar o momento de transição é a do trapezista no momento crucial em que ele vai soltar a mão de um trapézio para pegar no outro. Ele está no ar, naquela fração de segundo em que não dá mais para voltar atrás. Tem que depositar toda a energia para agarrar o outro trapézio e só então ter aquela sensação de alívio, aquela segurança. Esse é o momento do estresse da transição. E é o momento pelo qual você vai passar (ou está passando) como empreendedor e que você deve aproveitar. Essa energia é o seu combustível para ir em frente, com a convicção de que vai dar certo. Use isso! É o que vai fazer você ter sucesso! Não fique curtindo o estresse da dúvida.

Vamos pensar na situação do trapezista. Como você acha que funciona a mente do homem que está lá em cima balançando e planejando fazer a acrobacia?

Será que ele está pensando na novela?

Será que ele está se perguntando se merece alcançar o outro trapézio?

Será que ele está filosofando se nasceu ou não para pegar o outro trapézio?

Será que ele está questionando se tem todas as capacidades necessárias para chegar ao outro trapézio?

Claro que ele não está pensando em nada disso! Ele está focado, só focado em se segurar ali e fazer o show acontecer.

É muito importante fazer como o trapezista e concentrar toda a sua energia para o seu negócio acontecer. Não é hora de permitir que a sua mente entre em questões como: Será que eu mereço ter sucesso? Será que eu nasci para isso? Será que eu tenho todas as capacidades necessárias para isso?

Concentre sua energia para agarrar o seu negócio. Você vai ver que a sua mente funcionará muito melhor e mais rápido. Trabalhe a sua energia mental para ir com tudo em direção ao que está começando, sem olhar para trás.

MENTALIDADE EMPREENDEDORA:

O meu plano A é ser um empreendedor de sucesso.

CAPÍTULO 8

ATITUDE "TUDO OU NADA" PARA O SUCESSO

PARA QUALQUER NEGÓCIO EM QUE VOCÊ FOR ENTRAR NA VIDA, USE A MENTALIDADE DE ALGUÉM QUE PERDEU O EMPREGO.

Existem algumas pessoas que preferem fazer a transição para o empreendedorismo de um jeito menos arriscado. Mantêm um trabalho tradicional, para garantir uma renda fixa enquanto o negócio não vira. E vão empreendendo no tempo livre. Essa pode ser uma boa estratégia, desde que você fique atento a um ponto muito importante: a energia que está colocando no negócio. Vamos pensar novamente no trapezista! Ele está lá no alto, focado em agarrar o próximo trapézio. Agora reflita comigo. Em que condições ele vai ter mais foco? Se tiver uma rede de proteção embaixo ou se não tiver nada que o proteja numa eventual queda? Certamente o foco dele será muito maior sem a rede de proteção. Afinal, a vida dele estará em jogo! O salário que pinga todo mês na conta funciona como uma rede de proteção. Faz com que a mentalidade do "vai dar certo a qualquer custo, porque eu não tenho opção" demore mais para se formar. Isso porque ganhar dinheiro com aquilo não é urgente. O novo negócio não é a única fonte de renda.

Muitas pessoas precisam de uma chacoalhada da vida para tomarem uma decisão mental. É comum ver gente que tem um emprego e sonha em empreender, mas fica anos e anos com esse projeto em stand-by, justificando que não tem tempo, que ainda não é o momento certo, que é difícil, que é complicado. Certo dia, recebe uma carta de demissão. Agora que está sem emprego e sem perspectiva, ela se enche de força e de iniciativa. Usa toda aquela capacidade de ação que estava adormecida. Ela descobre que é capaz de fazer um monte de coisas, mesmo estando num momento mental difícil, preocupada se vai conseguir trabalho, insegura sobre como vai pagar as contas que estão para vencer. No meio desse momento de crise, ela tira da manga uma força que estava escondida. Começa a falar com todo mundo, amplia seu networking. Aquilo que parecia difícil, ela faz ficar fácil. Muda até de cidade se for preciso! Faz tudo o que poderia ter feito de forma gradual, com mais tranquilidade, no momento em que ainda tinha salário e contava com uma garantia, com a tal da rede de proteção. Mas o sangue nos olhos só veio depois de uma situação traumatizante, angustiante como a perda do emprego.

Quer outro exemplo? Há homens e mulheres que deixam de investir no próprio casamento. Jantar a dois? Nunca mais. Surpresa? A última foi na época do namoro. Comprar flores sem motivo, investir numa produção caprichada para o outro, mandar uma mensagem no meio do dia, fazer uma declaração de amor... O quê? Nada disso. Todas as atitudes românticas saíram de cena com o passar dos anos. Aí, chega um dia em que o casamento acaba. Então vem a tal sacudida que a vida dá. Aquela pessoa resolve ter as atitudes que pareciam bobagem enquanto ela estava casada. O primeiro passo? Ela se matricula na academia, depois vai para o shopping renovar o guarda-roupa. Fica bonita, estilosa. Começa a passear mais. Começa a namorar de novo, faz logo uma surpresa, uma declaração de amor. E aí a coisa parece que deslancha. Talvez o casamento não tivesse mais salvação, no entanto, certamente, quando a atitude daquela pessoa mudou, suas chances de um romance dar certo também mudaram. Enquanto não havia investimento, as chances de sucesso eram mínimas. No momento em que passou a haver uma iniciativa para fazer as coisas darem certo, as chances aumentaram. O impressionante é que, para muitas pessoas, essa atitude só desperta quando elas precisam partir para o tudo ou nada. Parece que a melhor opção é não ter opção!

Conheço uma história de um general espanhol que se chamava Hernán Cortés. Isso aconteceu há mais de quatro séculos! Ele partiu com seu exército para conquistar as terras dos povos astecas. Navegou com sua nau e, quando chegou ao destino pela praia, descobriu que tinha um enorme desafio pela frente: o exército dos astecas era muito mais numeroso que o dele. Seus soldados estavam numa posição desprivilegiada. Seria muito difícil ganhar daquele jeito. Cortés percebeu que o moral de seus homens ficou baixo e que o medo estava tomando conta deles. Então, determinado a vencer a batalha, tomou uma decisão radical. Chamou os imediatos dele, pediu que eles voltassem ao navio e ateassem fogo à embarcação. Ele não fez nenhum discurso. Simplesmente deixou que todos vissem o navio pegar fogo. Ao verem que não tinham mais nada a perder, os soldados partiram para a batalha com garra redobrada. Seus homens entenderam o recado: "Não dá para voltar a nado. Então, ou a gente ganha essa batalha ou todo mundo aqui morre". Conclusão: o exército lutou com tanta garra que venceu.

Essa história chegou até os dias de hoje para trazer esta mensagem: para qualquer coisa que você for fazer na vida, tenha a mentalidade de alguém que perdeu o emprego. De alguém que viu o próprio navio pegando fogo. "Então, André, você está querendo dizer que é melhor eu trocar o certo pelo incerto e abrir mão do meu emprego para empreender?". Não, nada disso! O que eu quero é que você tenha consciência de que a sua zona de conforto (mesmo que esteja bem longe do seu ideal de ganho) pode fazer você se acomodar mais do que alguém que perdeu o emprego e que não tem opção. Ser empreendedor como um plano B pode fazer com que você dedique menos energia para esse projeto e fique muito tempo no mesmo lugar. O passo seguinte é achar que não vai dar certo e desistir do sonho de ganhar muito mais, de ser dono do próprio tempo, enfim, de ser um empreendedor com muito sucesso. O foco muda quando temos uma garantia. No marketing multinível, por exemplo, as pessoas que estão desempregadas, de modo geral, estatisticamente falando, alcançam o sucesso mais rápido. Isso porque elas tiram uma força impressionante de dentro de si para fazer dar certo. Mudam rapidamente o mindset para o modo sucesso. Agora que você já sabe como funciona – sabe que a mente tende a ficar na zona de conforto quando não está numa situação-limite –, lute contra isso. Controle sua mente para que ela se mantenha no modo máximo de esforço. Decida mentalmente ter sucesso, coloque empenho, tire a força de vontade de dentro de você. Aja sempre como se estivesse no tudo ou nada.

MENTALIDADE EMPREENDEDORA:

Eu faço o melhor que posso e sei que assim
o sucesso chega mais rápido.

CAPÍTULO 9

O SENSO DE URGÊNCIA FEZ ANDREA ACELERAR O SUCESSO

Continuar a faculdade de medicina ou apostar todas as fichas no empreendedorismo? Por um tempo, Andrea Fernanda não foi nem para um lado, nem para o outro. Seguia estudando e, em paralelo, tocava seu negócio no marketing multinível, que lhe garantia uma renda. Dois anos e meio depois, a faculdade começou a exigir mais dedicação. E o negócio paralelo dava ótimas perspectivas de ganho. Para que lado ir?

Sua escolha foi pautada por um drama pessoal. Seu pai estava doente. Na época, os médicos haviam lhe dado três anos de vida, no máximo, mas ele lutava contra a doença havia treze anos. Portanto, Andrea temia que a qualquer momento ele se fosse. Sua família era humilde. Viviam com o dinheiro contado. Quando iam passear pelo centro da cidade, não podiam comprar um salgado sequer, pois sabiam que, com aquele mesmo dinheiro, poderiam pagar um pacote de biscoito para toda a família.

O pai e a mãe estavam orgulhosos de ver a filha estudando para ser médica – ela tinha uma perspectiva de futuro bem melhor do que sua atual situação – e não poupavam esforços para ajudá-la. Mas Andrea tinha pressa. Queria dar uma condição de vida melhor para seu pai, antes que fosse tarde demais. Não podia esperar os seis anos da faculdade mais a residência para começar a ganhar dinheiro. Foi então que Andrea decidiu pelo negócio no marketing multinível, que estava tocando em parceria com o então namorado Felipe Morais – hoje seu marido e sócio. Eles viram naquilo uma chance real de ganhar muito dinheiro em pouco tempo.

A decisão, no entanto, não foi bem recebida pelo pai, que achou que a filha estava cometendo uma loucura. Para Andrea, também não foi fácil. Tanto que, quando trancou a matrícula, nem foi se despedir dos colegas. Desapareceu das aulas para não desabar em choro.

Lado a lado, Andrea e Felipe seguiram em frente, determinados. "Meus motivos eram maiores, nada podia me abalar", diz ela. Um ano depois de Andrea tomar sua decisão, o pai entrou em coma. "Minha maior paz era ter conseguido naquele ano, com o meu trabalho, ajudar meu pai a comprar uma S10, um pedaço de terra no São Francisco e viajar para a praia. Ele realizou os sonhos dele", conta Andrea, que decidiu retomar a faculdade de medicina naquela fase em que seu pai ficaria feliz se saísse do coma. "Fiz isso só por ele." E continuou firme no marketing multinível, até o dia em que bateu uma meta importante e ganhou um carro. Correu para o hospital para contar ao pai.

"O médico achava que eu era doida, afinal meu pai estava em coma. Mas eu tinha certeza de que ele entendia tudo. Quando contei, meu pai começou a chorar." E Andrea viu que tinha valido a pena manter a disciplina e a intensidade em seu negócio. Enfim, seu pai entendeu seu propósito e sua escolha pelo empreendedorismo. "Hoje eu consigo enxergar com mais clareza que meu pai não tinha noção, que era algo surreal de se pensar, aonde eu poderia chegar com o meu negócio", conclui.

MENTALIDADE EMPREENDEDORA:

O mindset empreendedor tem senso de urgência. Portanto, eu tenho um motivo forte para acordar todo dia e dar o máximo pelo meu negócio.

PAPO DE SUCESSO

O que fez você acelerar sua corrida para o topo?
O que despertou o seu senso de urgência?

Esse foi um assunto que surgiu naturalmente nas conversas que tive com empreendedores de sucesso. Cada um teve uma urgência, que usou como estímulo definitivo em sua jornada:

Mario Tramontina: "O meu maior sonho era sair daquele apartamento onde eu morei por muito tempo e onde aconteceram os meus insucessos. Eu lembro que, na hora em que eu pegava a última parte do caminho para chegar em casa, aquilo me dava uma angústia... Eu queria sair logo dali. Mudar de casa era um sonho que eu precisava realizar. Isso acabou sendo um motivo para que eu seguisse firme nos meus objetivos. Às vezes, pensar no que não queremos nos movimenta."

Jaqueline Palma: "Às vezes, eu via o Genisson deitado na cama, sem pregar os olhos até as 3 da madrugada. O olhar parado, bem distante. Eram os momentos em que ele pensava no pai. Ele tinha medo de que o trabalho pesado tirasse a vida de seu pai, sem que ele cumprisse o objetivo de tirá-lo daquela vida dura. Ele falava: 'Será que eu vou ter tempo suficiente para reverter o quadro e curtir bons momentos com meu pai?'. E se questionava: 'Será que estou fazendo a coisa certa? Afinal, é melhor não ter dinheiro e ter pai do que ter dinheiro e não ter pai'. Por isso, a gente tinha pressa. Precisava bater as metas do negócio o quanto antes."

Andrea Fernanda: "O dia decisivo na minha vida foi quando meu pai comprou para mim uma impressora para os trabalhos da faculdade de medicina. Ele sabia que eu tinha que imprimir muita coisa e que estava gastando muito dinheiro com aquilo. Quando vi o presente, chorei muito, mas de tristeza. Eu sabia que o único dinheiro que meu pai tinha era o que ele estava juntando para ir para a praia. Ele adorava viajar e não fazia isso havia muito tempo por não termos condições. Meu pai doente e desenganado se sacrificando para suprir uma necessidade minha foi o que despertou meu senso de urgência de ter sucesso."

CAPÍTULO 10

PROTEJA O SEU SONHO

A RAZÃO NÚMERO 1 PELA QUAL AS PESSOAS FALHAM NA VIDA É PORQUE ELAS ESCUTAM SEUS AMIGOS, FAMILIARES E VIZINHOS.

Um dos grandes desafios ao construir o seu mindset empreendedor é se blindar contra a opinião de pessoas que não acreditam que o seu negócio vai dar certo. É fácil lidar com isso quando se trata de gente que você nem faz questão de que torça por você – ou que você até já imaginava que torceria contra. O mais duro e complicado é quando essas pessoas são justamente aquelas que você mais ama. Nas entrevistas que fiz com diversos empreendedores bem-sucedidos, a maioria me contou que viveu o desafio de lidar com as críticas do pai, da mãe, da esposa, do marido...

O que fazer nesse caso? O passo 1 é entender que isso faz parte. E que a atitude dessas pessoas não é premeditada, nem tem como objetivo ver o seu fracasso. Pelo contrário! O que elas temem é que você quebre a cara e se dê mal. Elas se preocupam com a sua segurança. Se você sempre teve um emprego formal, por exemplo, é muito complicado para eles entender que você vai trocar o salário certo de todo mês por um lucro incerto, mesmo que seja muito maior. Essa situação fica ainda mais sofrida e angustiante quando o resultado demora a aparecer – e é normal demorar. Afinal, para empreender, você tem que trabalhar duro – abrir mão de fins de semana em família, inclusive – e, quando o dinheiro começa a entrar, mesmo que seja uma boa quantia, é preciso reinvestir no negócio. Isso leva um tempo maior do que a paciência e a expectativa de quem está vendo de fora.

O passo 2 é não deixar que essa energia negativa e todos os questionamentos abalem você. Isso é desafiador, eu sei. Como não levar em consideração a opinião de quem sempre esteve ao seu lado? A pressão emocional é muito difícil de driblar, pega fundo no coração. Um jeito de fazer isso é canalizar sua emoção para o trabalho. Sente raiva por não estar sendo compreendido? Transforme a energia da raiva em energia para dar o melhor de si no seu negócio, para mergulhar na sua meta. Teve vontade de chorar – ou chorou mesmo – depois de uma discussão com uma pessoa querida? Lave o rosto e pense que, quanto mais você focar no seu objetivo, mais rápido você vai mostrar que tinha razão. Aliás, não apenas mostrar que tinha razão, mas deixar aquela pessoa calma, confiante e feliz com o seu sucesso.

É essencial manter a mente firme no seu objetivo! Sua mente vai querer escapar, tentar convencê-lo de que talvez esteja mesmo errado, mas tenha consciência de que isso acontece apenas porque a mentalidade de empreendedor ainda está sendo formatada em você. Nesse momento, você precisa da sua motivação em alta para que esse novo modo de pensar e agir se estabeleça de vez.

Vou contar uma coisa: a razão número 1 pela qual as pessoas falham na vida é porque elas escutam seus amigos, familiares e vizinhos. Quem diz isso é Napoleon Hill – que estudou as pessoas mais bem-sucedidas do mundo no início do século XX, como Henry Ford, o magnata fundador da Ford Motor Company, e Andrew Carnegie, industrial do aço. Coloque isto na sua mente: as outras pessoas, por mais próximas que sejam de você, têm o paradigma delas, as crenças delas, o mundo delas. Existe uma estatística de que 95% dos seres humanos vão nascer, viver e morrer na mais profunda mediocridade. A maioria das pessoas do mundo não vai fazer nada de significativo na vida. Então, se você for criticado, não tome isso como algo pessoal. A descrença não é na sua capacidade de fazer sucesso. É simplesmente por não acreditar que o sucesso existe ou por colocá-lo na categoria de algo inatingível. Obviamente, quem tem essa crença dá um jeito de fazer com que ela se torne verdade em sua vida.

Sabe aquela frase: "Entra por um ouvido e sai pelo outro"? É a melhor atitude para você manter seu mindset empreendedor no caminho dos seus objetivos. O empresário e apresentador Silvio Santos diz que quem quer entrar em qualquer tipo de negócio não pode se preocupar com os elogios ou com as críticas. Nas palavras dele: "Só não consegue o objetivo quem sonha demasiado, quem pretende dar o passo maior do que a perna, quem acredita que as coisas são fáceis. Todas as coisas são difíceis, todas as coisas são lutadas. Quando você consegue uma coisa fácil, desconfie, porque ela não é tão fácil quanto parece. Continue trabalhando, continue apostando na sua intuição, continue com os pés no chão e não se importe com o que a sua esposa fala, o seu filho fala, os seus amigos falam. Importe-se com o que você faz no seu dia a dia. Foi assim que eu consegui passar de camelô a banqueiro". Portanto, concentre-se no seu negócio. Não deixe que ideias derrotistas de outras pessoas ocupem espaço na sua mente. Toda vez que isso ameaçar acontecer, vá buscar mais informação, procure mais conhecimento em fontes confiáveis para ter argumentos convincentes de que você está no caminho certo. Troque as ideias negativas, sem fundamento nenhum, de quem conhece você, mas não sabe nada do seu mercado, por ideias construtivas com embasamento de pessoas que realmente podem lhe dar uma visão mais realista das suas oportunidades e de aonde você pode chegar.

MENTALIDADE EMPREENDEDORA:

Eu tenho foco e não deixo que os palpites atrapalhem meu caminho de sucesso.

CAPÍTULO 11

HONRAR PAI E MÃE... E O SEU NEGÓCIO TAMBÉM!

APROXIME-SE DE PESSOAS QUE ESTÃO NO MESMO RAMO QUE VOCÊ, QUE JÁ FAZEM ISSO HÁ MAIS TEMPO, QUE JÁ TIVERAM RESULTADO, QUE CONHECEM O CAMINHO DAS PEDRAS... E O DO SUCESSO!

Nestes mais de dez anos em que tenho analisado e treinado milhares de pessoas para ter o mindset de sucesso, vejo que um desafio comum é o de gerenciar as expectativas dos pais. Aconteceu com o Genisson, da história do quiosque de praia que você leu no começo do livro. Foi também a grande questão da Andrea Fernanda, que largou a medicina a contragosto do pai. Só para citar dois exemplos.

Os pais são personagens centrais na história de empreendedorismo dos filhos, porque são centrais na história de vida deles. Desde a infância, temos um laço afetivo muito grande e aprendemos a respeitá-los e a fazer o que eles mandam, porque é o certo. Então, quando eles desaprovam uma atitude nossa, isso nos causa muita insegurança e, às vezes, pode causar um sentimento de culpa também. Mais complicado ainda é quando isso acontece na vida adulta, num momento em que você enxerga uma oportunidade de sucesso e, ao apresentá-la para eles, recebe uma resposta negativa. Vem aquele banho de água fria. E, depois do banho gelado, a mente é invadida por muitos questionamentos. *Será que vai dar certo mesmo? Será que estou errado? Ou será que, desta vez, são eles que estão equivocados?* Todas as emoções que entram em jogo nesse momento fazem com que o empreendedor fique hesitante. Aquela certeza de sucesso que estava sendo construída em sua mente fica ameaçada. Dependendo de como a pessoa processa e administra a expectativa dos pais, ela pode até decidir jogar a toalha para evitar um conflito familiar.

Esse é um dos momentos-chave da construção do seu mindset empreendedor: a hora em que você precisa cortar mais uma vez o cordão umbilical. Ou melhor, é preciso viver, mais uma vez, uma sensação parecida com a da adolescência. Quando entramos nessa fase, os amigos são mais importantes do que tudo. Isso não acontece por acaso. No início da juventude, precisamos romper com os pais por um período, para criar a nossa identidade. Para criar sua identidade empreendedora, você precisa fazer o mesmo. Se seus pais não entendem ou não aprovam seus planos, você precisa ter claro em sua mente que essa é a opinião deles, mas não é necessariamente a verdade absoluta. Por mais experientes que possam ser, talvez eles nunca tenham tido um negócio ou nunca tenham tido muito sucesso. Talvez nem tenham vislumbrado nada do que você deseja! Portanto, eles têm uma visão parcial do que virá daqui para a frente.

Para seguir em frente na sua jornada empreendedora, você precisa superar o teste emocional da aprovação dos pais. O antropólogo Joseph Campbell, autor do livro *O herói de mil faces*, é famoso por ter criado um roteiro da jornada do herói. Depois de ter estudado os mitos de muitas culturas, ele encontrou um padrão de etapas que todo herói vive, desde o momento em que está na sua vida pacata e recebe um chamado para fazer algo grandioso, até a conquista do que ele buscava. O herói aqui é você, e a etapa é o que ele chama de "ventre da baleia", quando o herói é testado física, emocional e espiritualmente.

PAPO DE SUCESSO

Você sofreu na pele a resistência dos seus pais em relação ao seu negócio?

Uma coisa posso dizer: não foi fácil para ninguém. A maioria dos entrevistados teve que passar por uma prova de fogo:

Margarete Hensler: "Para mim, a família sempre foi uma válvula de escape. A gente sabe que uma hora precisa ir para o porto seguro para se abastecer. Só que, ao mesmo tempo, eu me sentia uma bandida na família, eu me sentia julgada, errada. Em vez de ser um porto seguro, o modo como eles me viam me fazia mal."

Genisson: "A Jaqueline e eu acreditávamos no nosso negócio, mas ninguém mais acreditava. A família virou as costas para o nosso sonho. Esse foi o momento mais difícil. As pessoas que eu mais amo e que eu achei que iriam me apoiar falavam para eu arrumar um emprego 'normal'. Eu dizia que ia conseguir ganhar 5 mil e ninguém botava fé. Cada vez que eu falava com minha família, eu saía do alto da crença e ia direto para o fundo do poço. O que mais me deixava triste é que a minha maior motivação para acreditar era justamente tirar meus pais daquela vida sofrida. Meu pai se sentia abandonado, porque eu tinha parado de trabalhar no bar. E eu me sentia culpado. Afinal, a carga de trabalho dele tinha ficado ainda mais pesada com a minha saída. Toda vez que a gente conversava, era briga atrás de briga. Tive que tomar uma decisão bem difícil: não ir visitar mais meus pais até ter algum resultado para mostrar para eles. Eu quis, dessa forma, evitar brigas e não deixar que a opinião deles enfraquecesse a minha crença de que a vida poderia mudar."

Andrea Fernanda: "No começo, a gente não tinha mais sábado, feriado, festa de família. Era só trabalhar e trabalhar. As famílias queriam matar a gente. Eu lembro que as pessoas passavam em frente à franquia, e eu e o Felipe estávamos embalando produtos até de madrugada. Nessa época, meu pai causou um terror na minha vida. Ele não entendia por que eu tinha largado a faculdade de medicina para vender perfume. Principalmente porque o dinheiro não aparecia. O problema é que, no começo, a gente tinha muitos gastos. Nosso dinheiro ficava todo na franquia. E meu pai ficava atrás de mim: 'Cadê o dinheiro? Você nem tem carro'. Ele achava que o Felipe estava me explorando. Minha mãe fala até hoje: 'Eu queria que seu pai tivesse visto a vida que você tem hoje'. Agora consigo enxergar com mais clareza que meu pai não tinha noção, era algo surreal para ele pensar no quanto eu poderia ganhar, em quanto sucesso eu poderia fazer. Sempre falei para minha mãe: 'Eu vou embora, mas a senhora não vai sofrer. Eu não quero ficar nesse lugar, quero coisas maiores'. Ela fala que a vida inteira eu preparei a mente dela para ela se acostumar com a ideia de que eu ficaria rica."

Felipe Morais: "Eu sempre pensei a respeito de ajudar meus pais, mas procurei não deixar isso como uma obrigação, algo pelo qual eu me sentisse culpado. Sempre pensei assim: eu posso amar muito meus pais e meus irmãos, mas eles não são meus filhos. A minha responsabilidade principal é com a minha mulher, com meus filhos. São eles que dependem de mim."

CAPÍTULO 12

ORGANIZE SUA RELAÇÃO COM O DINHEIRO

VAI TER MÊS MAIS DIFÍCIL, EM QUE O FATURAMENTO PODE SER ZERO OU QUASE ISSO. E VAI TER MÊS EM QUE TUDO VAI DAR CERTO E VOCÊ VAI BATER METAS, GANHAR BÔNUS... TERÁ MUITOS MOTIVOS PARA COMEMORAR.

Não dá para ter uma mente empreendedora sem cuidar da vida financeira. Qual é a realidade que você vai viver agora? Por um lado, não tem mais salário entrando na conta todo mês. Isso significa que não dá para ter certeza de quanto dinheiro vai entrar – nem ideia de quando o negócio vai engrenar a ponto de trazer uma estabilidade. Vai ter mês mais difícil, em que o faturamento pode ser zero ou quase isso. E vai ter mês em que tudo vai dar certo e você vai bater metas, ganhar bônus... terá muitos motivos para comemorar. É preciso estar com a mente preparada para os dois casos. Como dar conta dessa montanha-russa financeira que é a vida de um empreendedor? Com planejamento.

Conversei com o terapeuta financeiro Ricardo Bandini para ajudar você. Ele me explicou que as nossas emoções, comportamentos e hábitos estão por trás da maneira como lidamos com o dinheiro. "Quando uma pessoa é demitida e recebe o dinheiro da rescisão, por exemplo, ela age como um ganhador da loteria. Passa a ter um padrão de vida nunca sonhado. Por falta de educação financeira, inicia um processo de montanha-russa emocional, e passa a encaixar as despesas nas receitas, por status ou por pura emoção", explica Bandini. Segundo o consultor, atitudes típicas são pagar dívidas que não era necessário quitar naquele momento em vez de renegociá-las melhor, frequentar lugares que antes não eram para o seu bolso, ir ao shopping e sair comprando tênis, televisão para a sala, reformar a casa toda, pagar pizza para as visitas ou, a cada encontro com amigos, passar a falar: "Deixa que essa eu pago!". "A pessoa busca por conforto imediato e se endivida. Queima todas as reservas. O mesmo pode acontecer quando um empreendedor tem um mês bom de faturamento. Ou com o assalariado que vai receber uma promoção ou um bônus. Antes mesmo de os valores caírem na conta-corrente, já sai gastando por conta, fazendo novas dívidas, pois não usa a inteligência financeira. Em vez de comprar à vista, financia imóvel, carro, moto, e diz a si mesmo: 'Eu mereço'. Claro que merece, mas é preciso planejar as compras, ver se cabem no orçamento mensal", alerta Bandini. Por que isso acontece? Porque a maioria das pessoas não tem educação financeira, ou seja, não sabe como administrar seu dinheiro. Veja o que você precisa aprender para não cair nessas ciladas:

1 – Saber qual é o seu custo mensal

Isso é o básico da administração de finanças, mas muita gente não faz. Então, vamos lá. Faça um diagnóstico. Durante trinta dias anote todos os seus gastos, todos mesmo. Liste em um papel, caderno ou uma planilha, bala, chiclete, luz, água, contas pequenas e grandes, e descubra sua fotografia financeira, ou seja, seu real padrão de vida. Esse é valor que garante o básico da dignidade. "O ideal é sempre gastar menos do que ganha, para poder poupar uma parte. O aceitável é ter essa conta equilibrada, ou seja, ter um padrão de vida que caiba certinho no seu ganho mensal. Minha sugestão é adaptar seus gastos para 70% a 80% de seus ganhos e poupar de 20%" a 30%, orienta Bandini. Se isso já é um problema quando você recebe um salário fixo, imagine quando está começando a empreender e não tem garantia de dinheiro entrando! Nesse caso, é sugerido que você faça um diagnóstico por noventa dias e não por trinta dias. E mesmo quando ganhar uma boa quantia, continue poupando, vivendo no padrão de vida estabelecido adequado. Deixe sobrar. Essa sobra vai ser uma reserva para aquele mês que não for tão bom. É com esse dinheiro que você vai continuar vivendo mesmo depois que estiver ganhando muito. O ideal é conseguir guardar o valor equivalente a seis meses a um ano sem precisar trabalhar. Por exemplo: se o seu custo de vida é 4 mil reais, guarde de 6 a 12 vezes 4. Qualquer crise financeira gera preocupação e reflete diretamente em seu mindset. Com a cabeça quente com as contas para pagar, com a pressão para arrumar dinheiro e pagar o supermercado, fica muito mais difícil ter foco no negócio e fazer virar. Então, tenha disciplina, resista às cobranças de familiares e amigos que questionam o seu resultado e faça tudo ao seu tempo com consciência.

2 – Cortar custos

Se você descobriu que está gastando mais do que ganha, veja onde pode cortar. "Existem estudos que mostram que dá para economizar até 20% só trocando a marca dos produtos no supermercado. Outra dica: veja quais compras você está fazendo por impulso. Sabe quando você vai à padaria comprar pão e volta com queijo, torta de morango para a sobremesa e brinquedinho para o filho que estava chorando? Pois é, nesse descuido, em vez de gastar 6 reais, você acabou gastando 35 reais", alerta o terapeuta. Você também precisa redobrar o alerta com o que gasta em momento de estresse. Existe um estudo que mostra que 43% de tudo o que gente compra se dá em momentos de ansiedade, tristeza ou angústia. Ficou estressado depois de um dia difícil? Não vá afogar as mágoas vendo vitrines. Prefira fazer uma atividade física. Correr, andar no parque... produzindo serotonina e dopamina, neurotransmissores responsáveis pelo bem-estar. Tudo isso vai ajudar a equilibrar o nível de cortisol, que causa dores físicas, ansiedade. Com as emoções equilibradas, você vai ver que a vontade de se jogar nas compras irá diminuir. E sua saúde financeira agradece!

3 – Saber que faturamento não é salário

Tire da cabeça a ilusão de que o faturamento do mês é o seu salário. Não é. Primeiro, porque o dinheiro que você ganhou mesmo corresponde ao valor líquido – descontando o custo da mercadoria, o custo com serviços, com despesas para se locomover até o cliente, com o salário dos funcionários... Faça as contas e veja de fato quanto sobrou.

4 – Nunca gastar tudo o que ganhou

Depois de saber qual foi o seu lucro, resista à tentação de gastar tudo. Mesmo que você esteja lutando há muitos meses no negócio e não veja a hora de mostrar para todo mundo que deu certo. Controle-se. Você pode até ter ganhado o dinheiro para fazer aquela viagem para a praia, comprar um carro zero, dar entrada no apartamento dos sonhos. Segundo Bandini, está cheio de gente endividada por não conseguir controlar a ansiedade. E não é gente que ganha pouco por mês, não. Quem se acostuma a gastar mais do que ganha pode receber até 200 mil por mês: vai continuar gastando 210 mil. A conta não fecha nunca, e desse jeito a pessoa acaba quebrando. A preocupação financeira também acaba afetando o negócio. É muito mais difícil acordar motivado e pronto para fazer uma boa abordagem de vendas quando você está pressionado com contas a pagar. Cada "não" recebido dói na alma. Claro que, muitas vezes, o fato de ter dívidas faz com que as pessoas corram atrás de resultados e transformem sua vida. Mas isso só vale como aprendizado de vida. É aprender com os erros e lutar para ter uma vida financeira saudável.

5 – Reinvestir no seu negócio

Para crescer, o seu projeto precisa de mais dinheiro. Portanto, uma parte do seu lucro precisa ficar no negócio, ser usada para comprar mais mercadoria, para fazer melhorias, para você fazer cursos que vão lhe proporcionar mais conhecimento e mais capacidade de conquistar mais sucesso. Dependendo do negócio, ter um carro bom ou se vestir de maneira mais elegante faz parte do investimento, porque traz credibilidade. Nesse caso, o investimento pode até parecer pessoal, mas está voltado para o negócio. Reserve uma quantia para isso e tenha certeza de que esse tipo de investimento é muito mais inteligente do que gastar em algo pessoal que não vai refletir em mais ganho de receita.

6 – Não se iludir com a vida dos bem-sucedidos

É muito comum se comparar com pessoas que já têm um tempo de mercado e atingiram a posição de destaque que você almeja. A casa enorme, a roupa de grife, o carrão, as viagens internacionais... Não se iluda. Certamente, se elas têm isso hoje, é porque pouparam muito e trabalharam muito. As dívidas podem, sim, ser a ponta do iceberg do real problema. Um desequilíbrio emocional, traumas gerados no passado, ou querer mostrar status fora de sua realidade são, muitas vezes, a razão de compras mal planejadas.

7 – Ter sonhos e colocá-los no seu orçamento

Os sonhos são o melhor combustível para um empreendedor! É muito importante ter os seus! Qual é o seu sonho? Quando você quer realizá-lo? Quanto ele custa? Por exemplo, você quer conhecer a Disney daqui a um ano. A viagem custa 10 mil reais. Isso significa que todo mês você tem que guardar 900 reais mensais numa poupança e, melhor ainda, no Tesouro Direto – e esse valor tem que entrar no seu orçamento. Ficou pesado, não cabem 900 reais hoje? Não desista. Mude o tempo para realizar o sonho. Em vez de um ano, coloque dois anos. Aí você vai ter que guardar 450 reais por mês. Vai demorar mais, mas você vai realizar. "O seu painel de sonhos não pode ficar só no painel. Se você trabalha, trabalha e não realiza, vira frustração", explica Bandini. Uma das funções do seu sonho é motivar você a guardar dinheiro e a mudar a chavinha para o pensamento do poupador. Quando você adquirir o hábito de poupar, você vai poder investir, que é aplicar todo mês cerca de 20% do seu rendimento.

PAPO DE SUCESSO

O que você aprendeu sobre administração financeira que gostaria de contar para quem está começando no empreendedorismo? Estes conselhos valem milhões – literalmente! Se eu fosse você, leria com atenção – e mais de uma vez.

Mario Tramontina: "Pode acontecer de alguém ter passado a vida inteira como um assalariado, sabendo que o dinheiro vai entrar todo mês. Quando ele se torna empreendedor, o ganho sai do padrão e o cara acaba não administrando muito bem a parte financeira. Eu cometi esse erro. Por isso, nunca incentivei ninguém a sair do trabalho antes de o negócio ir bem. A tentação é pensar assim: eu já fiz 4 mil reais esta semana, claro que vou fazer sempre. Para alguém que ganhava um salário de 1.500 reais, isso parece o suficiente para abrir mão do emprego. Eu acho precipitado. Por isso, sempre digo: o dia em que você tiver doze meses de salário guardados, ou o equivalente ao seu custo de vida por mês ganho com o seu negócio, aí você pede demissão. O dia em que você tiver um ano para errar, você sai do trabalho. Para ganhar muito, tem que ter disciplina, trabalhar muito. E só depois, bem depois começar a gastar. Não dá para pegar os 1.000 reais que fizer e já gastar com uma viagem para a praia."

Jaqueline Palma: "Conforme a gente ia tendo sucesso, o dinheiro ia para pequenas conquistas. Um mês, um vaso para a casa; outro mês, um jogo de talheres. No mês seguinte, foi a vez do micro-ondas. Fiquei emocionada quando chegou a máquina de lavar roupa. E me senti muito rica quando instalaram a caixa de ar-condicionado no meu quarto. Mas a gente sempre se controlou. O terno que Genisson usava nas reuniões era, como dizem, filho único de mãe solteira, e comprado em uma loja popular. Eu tinha que lavar com cuidado e colocar rapidamente no cabide para dar tempo de ele usar de novo. O problema era a família. Vendo que Genisson começava a prosperar, de terno, gravata e relógio, começaram a questionar por que ainda não estávamos ajudando ninguém.

A verdade é que a vida tinha melhorado, mas o ganho dava justo para nós dois e nossas filhas. A gente foi bem consciente de não dar o passo maior do que a perna. O Genisson me falava: 'Eu preciso me salvar primeiro, para depois salvar alguém. Imagine você querer salvar alguém se você não sabe nadar ou se está se afogando também'. E sempre concordei com ele."

CAPÍTULO 13

CONSTRUA SEU SUCESSO TODO DIA

O DIFERENCIAL DAS PESSOAS QUE FAZEM SUCESSO É QUE ELAS COLOCAM MUITA ENERGIA DE TRABALHO NO SEU DIA.

O que vai fazer os resultados começarem a aparecer é a quantidade de energia que você coloca no seu dia. Funciona assim, é bem simples: se você colocar muita energia, terá muito resultado. Então, se você começa a semana já cheio de gás, o resultado vem e você passa a acreditar cada vez mais que vai dar certo, que ter sucesso é para você, que isso é algo totalmente possível em sua vida! Agora, se colocar pouca energia, terá pouco resultado. Ter pouco resultado é um problema, porque você cai na tentação de construir o seguinte mindset: *Acho que isso não é para mim, acho que não vai dar certo, tá na cara que eu não vou conseguir...* E isso é exatamente o oposto do que a mente do empreendedor de sucesso pensa! Portanto, se esses pensamentos derrotistas começarem a invadir a sua mente, acione o sinal de alerta.

Se você me disser o que fez da hora que acordou até o momento que foi dormir, eu vou dizer como vai ser a sua vida. O tempo todo você tem a oportunidade de tomar atitudes que vão gerar um grande sucesso no curto, no médio ou no longo prazo. Portanto, o que faz a diferença é decidir ter um ritual de evolução, de crescimento, ser um pouco melhor. As pequenas coisas que você faz podem não parecer muito logo no fim do dia, mas vão fazer uma diferença incrível no final do ano.

Pense nos momentos em que você tomou as decisões importantes da sua vida, por exemplo, casar, seguir uma determinada profissão, ter um filho, mudar de casa. Aquilo não aconteceu de uma hora para outra. Primeiro, aquilo foi tomando conta da sua mente. Você ficou se imaginando naquela nova situação, você mentalizou isso, você ficou fazendo simulações na sua mente e falou: "Vai dar certo". Você também foi tendo atitudes no dia a dia para que aquilo se tornasse realidade. Foi colocando um tijolo de cada vez no seu projeto. E então, a cada tijolo, sua decisão foi ficando mais forte na sua mente. Quando você foca no seu negócio, começa a falar mais profundamente sobre ele. É importante ter o máximo de informações e dados que envolvem o seu trabalho. Tenho um amigo que é um excelente treinador de vendas, o Mohamed Gorayeb. Ele tem uma trajetória incrível. Viveu muitos anos vendendo perfumes e escreveu um livro com mais de 1.000 técnicas de vendas. O que ele sempre fala é o seguinte: "Ninguém gosta de comprar de vendedor. As pessoas querem ser atendidas por especialistas!". Então se torne um especialista no seu negócio.

Meu recado é: decida todo dia fazer algo pequeno, mas significante, que leve você a um novo patamar. Para isso, comece escolhendo atividades que o ajudem a chegar ao seu objetivo. Pode ter certeza de que tem um monte de coisas para você aprender sobre o seu negócio. Dedique-se para ser um especialista. Tome uma decisão de verdade de fazer o negócio acontecer. Essa decisão tem que ser tomada todo dia. É levantar da cama e falar: hoje vou dar passos importantes para o meu negócio. Treine sua mente para isso! Quanto mais você focar, mais rápido isso vai se tornar um hábito. Todo dia você dará uma lapidada a mais no seu mindset e ele vai se tornar cada vez melhor. É uma batalha que você vai vencer todo dia.

Hoje, em vez de assistir ao telejornal ou ver uma novela, prefira fazer algo pelo seu sucesso, como:

- Ler 15 páginas de um livro para aumentar seu conhecimento sobre o seu negócio.
- Ouvir o podcast de um palestrante bem-sucedido na área em que você também quer ter sucesso.
- Fazer trinta minutos de ginástica, porque você sabe que isso o ajuda a manter a energia em alta e a disposição para alcançar suas metas.

- Comprar uma rosa para sua esposa ou jogar videogame com seus filhos por meia hora para mostrar para sua família que, ainda que você esteja focado no sucesso, eles continuam sendo sua prioridade.

A partir do momento em que começa a criar pequenas novas situações na sua família, nos seus negócios, na sua rede, você cria o que chamamos de "momentum". O que é momentum? São aquelas atitudes que vão fazer você dar grandes saltos. Elas são poderosas, porque fazem a sua crença aumentar, a sua energia aumentar, e aí bate aquela certeza: *Sim, é por aqui!* Quando você se dá conta, já está saltando! E as pessoas do lado de fora vão dizer: "Nossa, como ele conseguiu isso da noite para o dia?". Não foi da noite para o dia, nós sabemos. Foram os "momentums" que provocaram esse grande resultado.

MENTALIDADE EMPREENDEDORA:

Todos os dias eu escolho fazer atividades que contribuem para a minha evolução.

CAPÍTULO 14

MANTENHA O FOCO

NA HORA EM QUE VOCÊ COMEÇA A VIBRAR RUMO A UM DETERMINADO OBJETIVO, O UNIVERSO SE MOVIMENTA PARA TRAZER AQUILO PARA A SUA VIDA.

Não sei se você sabe, mas 2 dos maiores bilionários do mundo são também amigos. Estou falando do maior investidor do mercado financeiro, Warren Buffett, e do fundador da Microsoft, Bill Gates. Eles se conheceram em 1991 e, desde então, criaram uma amizade muito grande, um frequenta a casa do outro. Certa vez, Buffett foi fazer uma visita ao amigo, e o pai de Gates sugeriu uma brincadeira: cada um deveria escrever numa folha 1 palavra que considerava decisiva para seu sucesso. Mas um não podia olhar o que o outro havia colocado! Sabe o que estava escrito nas 2 folhas? A mesma palavra: **foco**. Essa história está no documentário *Becoming Warren Buffett* – em tradução para o português, *Tornando-se Warren Buffett*. Bill Gates costuma dizer que aprendeu com Warren Buffett a gerenciar seu tempo e a priorizar certas pessoas e certos tipos de conversa. Afinal, ter foco é justamente isto: escolher o que é mais importante e colocar sua energia ali.

Você já parou para pensar em como você gerencia seu tempo? Já pensou quais são as atividades do seu dia? Será que todas elas são necessárias? E quantas delas estão relacionadas ao seu negócio? Muitas vezes, o resultado não vem porque passamos muito tempo cuidando de coisas não importantes e não sobra tempo para fazermos o que realmente vai nos levar ao sucesso. As redes sociais, por exemplo, consomem um tempo impressionante. Muita gente passa horas no WhatsApp jogando conversa fora ou olhando a timeline do Facebook e se preocupando com a vida alheia.

Hoje em dia se fala muito de mindfulness, dizem que se trata de uma técnica de meditação adaptada para os tempos atuais. Ela consiste em nos ajudar a ter mais foco e a estar mais presentes naquilo que fazemos. Afinal, isso está cada vez mais difícil atualmente. Com o celular na mão nos enviando notificações o tempo todo, a cada minuto desviamos nossa atenção do que estamos fazendo para dar atenção a outra coisa que, supostamente, seria mais urgente. Isso gera ansiedade e, no final do dia, temos a sensação de que não fizemos nada direito. Como reverter isso? Colocando atenção plena naquilo que estamos fazendo. Não é tão complicado quanto parece! Acontece quando você está com a mente totalmente no presente sem desviar o pensamento para coisas do passado ou para preocupações com o futuro. Você simplesmente está ali, fazendo o que precisa ser feito. Pense naquele momento em que você está concentrado dando o seu melhor numa atividade física ou com dedicação total para fazer uma receita na cozinha. Esses são momentos de atenção plena, de foco total. E você também pode colocar essa mesma concentração no seu trabalho.

Quando você foca, a coisa acontece, funciona. A metafísica diz isso! Na hora em que você começa a vibrar rumo a um determinado objetivo, existe um movimento do universo trazendo aquilo para a sua vida.

MENTALIDADE EMPREENDEDORA:

Coloco meu foco no meu negócio para ser um especialista. Essa é uma maneira de ganhar o respeito e o reconhecimento das pessoas por aquilo que eu faço.

CAPÍTULO 15

O SUCESSO DEPENDE DO QUE VOCÊ ACREDITA

TUDO O QUE VOCÊ TEM E TUDO O QUE VOCÊ CONQUISTOU ATÉ HOJE NA VIDA É RESULTADO DAS SUAS CRENÇAS.

Imagine um dia de chuva. Tem gente que adora chuva! Fica feliz, porque a água molha as plantas, limpa o ar que respiramos... Há quem diga que chuva é sinal de sorte no dia do casamento! Para essas pessoas, chover é vida, é alegria. A chuva gera uma emoção positiva. Por outro lado, tem gente que fica triste quando chove. Porque se sente melancólica ao olhar os chuviscos pela janela, tem medo de raio e de trovão... Ou porque chuva é sinal de alagamento, de trânsito complicado na hora do rush. Então, o fato "chover" gera uma emoção que é positiva para algumas pessoas e negativa para outras.

Achar que chuva é ruim é uma crença. E achar que chuva é bom é outra crença. As crenças são os pensamentos que você toma como verdadeiros para a sua vida. Elas são formadas assim: você vive um fato. O fato em si não é bom nem ruim, não é alegre nem triste. O fato é só um fato. É você quem vai dizer se ele é bom ou ruim, de acordo com a emoção que ele provoca em você. Se for bom, provoca uma emoção positiva – e você vai querer que ele se repita. Se for ruim, a emoção será negativa. E você vai preferir que aquilo não aconteça mais.

Veja outro exemplo para você entender como fazemos uma emoção provocada por um fato virar uma crença.

CENA 1:

Uma aluna tira uma nota alta na escola. Ela volta para casa e conta para o pai. Ele fica muito contente, diz que ela é superinteligente. A menina se sente feliz. Ela atribui o fato "tirar nota alta" a uma emoção positiva. Qual crença ela construiu? A de que ser uma boa aluna é bom, porque ela recebe elogios, o pai fica feliz, tudo dá certo. Qual vai ser o comportamento da garota? Estudar mais para tirar sempre notas altas e viver sempre essas emoções positivas.

Agora vamos imaginar o mesmo fato, mas em outra situação.

CENA 2:

Uma aluna tira uma nota alta na escola. O coleguinha do lado fica com inveja e critica: "Nossa, você é a maior nerd, que CDF...". A menina fica triste. Percebe que quem tira boa nota não é bem-aceito na turma. Acaba ficando envergonhada por ter tirado 10. E então, já consegue imaginar qual vai ser a crença gerada por esse fato? Quem tira nota boa fica sem amigos. Logo, essa menina vai mudar o comportamento e pensar: *Não preciso estudar tanto. Melhor eu tirar uma nota mais baixa e continuar tendo com quem brincar.*

O mesmo fato, em situações diferentes, gerou significados opostos. Um positivo, outro negativo. Entender isso é muito importante: é dessa maneira que nós criamos regras para o que desejamos que aconteça ou não em nossa vida. Há pessoas que têm a seguinte crença: "dinheiro não traz felicidade". Você conhece alguém que pensa assim? É aquela pessoa que trabalha, trabalha, trabalha, mas nunca tem sucesso financeiro. E toda vez que vê uma pessoa rica passando por um problema de saúde ou pessoal, ela comenta: "Tá vendo? De que adianta ter tanto dinheiro?". Toda vez que fala isso, essa pessoa reafirma a própria crença de que, se ela ganhar um salário alto, se ela tiver muito lucro, algo na vida dela vai dar errado. E ela continuará afastando o dinheiro da vida dela, por medo de ser uma pessoa rica e infeliz.

O que isso tem a ver com o mindset de sucesso? Tudo. Para mudar a sua vida, você precisa mudar suas crenças. Quando você muda a crença, muda o comportamento. E, por fim, muda o resultado. Que tal fazer uma lista das suas crenças? Você acredita que pode e merece ter sucesso? Elas vão dar muitas respostas sobre por que sua vida ainda não decolou e qual é a mudança mental que fará toda a diferença para o sucesso acontecer.

MENTALIDADE EMPREENDEDORA:

Eu reflito sobre as minhas crenças para entender o que me ajuda e o que me atrapalha no caminho do sucesso.

CAPÍTULO 16

JULIANO SEGUIU FIRME EM SUA CRENÇA INTERIOR PARA TER SUCESSO

Desde criança, Juliano tinha o sonho de ser jogador de futebol. Chegou até a fazer testes para jogar no Santos Futebol Clube. Perto de completar 10 anos de idade, ele viveu uma experiência difícil: seus pais se separaram. "Foi muito traumático", conta Juliano que, na época, não conseguiu aceitar o rompimento da família. Passou um tempo morando com a mãe e com a irmã. Mais tarde, com 15 anos, mudou-se para a casa do pai. Certa noite, teve um pesadelo terrível em que sentiu muito medo de morrer. Ficou assustado e resolveu visitar a mãe. Naquele dia, ela estava indo para um retiro da igreja, e Juliano a acompanhou. "Nesse retiro, eu senti que precisava perdoar os meus pais e entendi que o meu chamado não era para ser jogador de futebol. Eu só sabia de uma coisa: queria servir a Deus."

A convicção de servir o ministério chegou com tudo em sua vida, como uma grande inspiração. Nada o fez mudar de ideia – nem os questionamentos do pai, que estava preocupado com seu futuro financeiro. Juliano levou a questão para um pastor mais experiente, que lhe respondeu: "Em toda profissão, há pessoas brilhantes e medíocres. O que você quer ser?". Juliano entendeu o recado. E, mesmo a contragosto do pai, seguiu em frente. "Entrei para o ministério com 19 anos e, de lá para cá, não fiz outra coisa da vida." Assim nasceu o pastor Juliano.

Qual foi o ingrediente principal para esse insight vocacional? O pastor responde citando a Bíblia: "Em Hebreus, capítulo 11, versículo 1, está escrito que a fé é a certeza das coisas que não se veem e a convicção dos fatos que ainda não são. Então, qual é o impulso da minha vida? É a fé. Eu me jogo no vazio? Não. Eu me jogo nas mãos de Deus, porque vejo que Deus está naquele futuro. Quando comecei o pastorado, eu não tinha certeza de aonde ia dar. Nem eu, nem minha esposa. Mas a gente sabia que Deus estaria naquele futuro. E que as muitas opções que a vida fosse apresentando apontariam para o caminho de Deus. Foi assim que a gente foi vivendo. Nunca tivemos medo de viver o novo, porque a gente sempre acreditou que Deus revelaria a Sua vontade. Ele nunca nos abandonaria", acredita o pastor.

Foi assim, com muita fé e dedicação ao ministério, que o pastor Juliano construiu sua trajetória. Em todas as suas decisões, pensava nas perguntas: *Brilhante ou medíocre? O que você quer ser?* Com isso na cabeça, passou a optar sempre pelo caminho melhor, mesmo que não fosse o mais fácil. "Tudo o que foi acontecendo como desdobramento da minha vida foi fruto dessa escolha primária", conta.

Como adorava tocar violão e cantar, seguiu o conselho de outro pastor e começou a compor músicas e a tocá-las na igreja. O amigo havia lhe dito: "Se Deus lhe deu uma música, em vez de cantar aquela que faz sucesso, cante a sua. Porque é isso o que Deus está lhe dando! Quando você for pregar um sermão, não imite o sermão do famoso, pergunte para Deus e faça o seu". Ele seguiu assim. Certo dia, em 2001, um empresário que estava no culto convidou o pastor para gravar as músicas em sua gravadora no Paraná. Sem recurso algum, o pastor Juliano lançou seu primeiro CD.

De lá para cá, ele tem tido boas surpresas por não desprezar aquilo que Deus lhe dá. "Eu não jogo nada fora. Deus, muitas vezes, em momentos ordinários, nos dá encontros extraordinários. Às vezes, são encontros fora do planejado que, de repente, fazem você mudar sua trajetória", diz. Foi a partir de um momento assim que ele recebeu o convite para pastorear nos Estados Unidos. Primeiro em Boston, como pastor auxiliar, e depois em Danbury, quando se tornou o pastor oficial em uma comunidade de imigrantes brasileiros. O trabalho ali melhorou tanto a vida das pessoas que Juliano foi convidado para ser coordenador nacional da rede de implantação de igrejas nos Estados Unidos. Anos mais tarde, em 2016, voltou ao Brasil e assumiu a Igreja Presbiteriana da Penha. "O melhor caminho é perguntar sempre: Deus, o que vamos fazer juntos? Se Deus está dando pouco, não importa. O que importa é que aquilo é único, vai ser original, é verdade. Deus está sempre dizendo: 'Eu estou com você, vou ajudar, não tenha medo, vá para a frente'", completa.

CAPÍTULO 17

FORTALECENDO SUA MENTE

Para mudar suas crenças e fortalecer a sua mente, considero muito importante que você se aproxime de pessoas que estão no mesmo mercado que você, que já fazem há mais tempo o que você está começando, que já tiveram resultado, que conhecem o caminho das pedras... e o do sucesso. Essas pessoas sabem melhor do que ninguém o que você está vivendo, conhecem as dificuldades de perto e também já encontraram as saídas. Elas vão ajudar você a se sentir mais forte e a resgatar algo muito importante, que é a sensação de pertinência. Sabe o que é isso? É algo essencial para o ser humano – sentir que faz parte de algo, de uma comunidade, de um círculo de pessoas que entendem e falam a mesma língua que você. Portanto, participe de eventos, faça cursos... Busque o que existe na sua área para poder se concentrar no seu negócio e estar com pessoas que acreditam nas mesmas coisas que você, têm os mesmos valores, passam por situações parecidas. Isso vai motivar você e turbinar seu mindset empreendedor.

Vejo esse sentimento de pertinência aflorar na prática durante as reuniões de imersão em que me encontro com dois ou três líderes de marketing multinível para falar de mentalidade. Passamos quatro dias em um hotel imersos conversando sobre tudo – família, negócios, saúde, ideias sobre o futuro, sonhos... Acontece uma grande troca! Uma troca enriquecedora. Nas conversas, os líderes passam a ver seus problemas com outros olhos, conseguem resolver questões que achavam que não teriam solução. Acontece um trabalho de mastermind, ou seja, várias pessoas colaboram para a solução de um problema. Essa troca é muito rica, pois amplia a visão delas e traz respostas muito mais completas e brilhantes.

Portanto, não veja a resistência dos seus pais, por exemplo, como um bloqueio para o seu sucesso. Procure pensar nela apenas como um ato de amor. E tente se cercar de pessoas que vão ajudar você a se descobrir nesse novo mundo do empreendedorismo, que façam você se sentir vivo, vencedor. E, quanto mais convicção você tem de que está no caminho certo, mais rápido o sucesso vem. E vai dar uma alegria danada mostrar para os seus pais que você estava certo e que agora eles podem curtir esse sucesso com você. Esse é um mundo novo e incrível. Seja bem-vindo!

MENTALIDADE EMPREENDEDORA:

Eu me cerco de pessoas que fazem parte do meu negócio, aprendo com elas e me fortaleço.

PAPO DE SUCESSO

Nos momentos em que estavam com a crença abalada, fosse por um conflito interno, fosse pela opinião alheia, nossos bravos empreendedores foram buscar apoio e inspiração. Eles procuraram lugares e pessoas que pudessem fortalecer sua fé, dando informação confiável e embasada sobre o que o futuro poderia lhes reservar, desde que seguissem as melhores escolhas.

Margarete Hensler: "Teve um momento em que a gente já tinha crescido no negócio, mas começamos a absorver as coisas negativas de um monte de pessoas que não estavam fazendo o trabalho da maneira correta. Elas estavam falando mal da empresa, dos líderes, do mercado. Chegou um momento em que ficou insuportável, e a gente chegou ao ponto de estar decidido a sair do multinível, ganhando quase 22 mil reais por mês. A gente queria desistir pelo fato de estar cansado de sugar a dor dos outros e a energia negativa deles. Então, o André resolveu ir para um cruzeiro organizado pela empresa. E voltou do navio com uma nova energia. Esse evento nos fez desligar dos negativos e olhar para a nossa vida. Enxergamos que estávamos conquistando o que tínhamos desenhado. A gente tinha acabado de comprar nosso primeiro apartamento, começar a pagar um convênio médico para nossos pais, e eu estava grávida da nossa primeira filha, a Bela. Não era hora de desistir."

Pastor Juliano: "Tem algumas coisas que fizeram diferença na minha vida. Quando eu fui para o seminário, meu pai entrou em crise. Isso porque o ministério é um lugar muito bom, mas é um lugar muito difícil. Meu pai falava: 'Você vai passar fome. Do que vive um pastor?'. Ele falava que eu devia buscar uma segurança financeira maior. Eu dizia que a minha segurança estava em Deus, pois é Ele quem dirige a minha vida. Fui então procurar um pastor amigo e falei sobre a minha dúvida. Meu amigo me levou para mostrar suas coisas e disse: 'Vem comigo aqui. Você acha que o meu carro é ruim?. Você acha que esse prédio onde eu moro é ruim?'. Realmente nada era ruim. Ele tinha uma bom padrão de vida. E esse meu amigo me falou o seguinte: 'Existem médicos que são bem de vida e médicos que não conseguem pagar o aluguel no fim do mês. Existem advogados que vão mudar a história da vida deles e tem aqueles que não conseguirão sair da porta da cadeia. Você sempre terá essa escolha de ser o melhor'."

Andrea Fernanda: "No momento em que a faculdade de medicina começou a cobrar mais de mim – e eu já olhava o meu negócio como a minha atividade principal –, eu fiquei bastante indecisa. Então fui fazer o Curso Mais, que foi um divisor de águas.

Aprender sobre a filosofia do sucesso mexeu comigo e foi decisivo. Ela diz que, se você fizer as coisas pelas metade, será um fracassado. Então resolvi assim: se eu trancar a faculdade agora e voltar daqui a alguns anos, ela vai estar igual. Já o meu negócio, se eu parar agora, não vai estar igual. E eu tinha um senso de urgência de sucesso. Então, foi lá no curso que eu decidi o que fazer."

CAPÍTULO 18

QUANDO O CASAMENTO VAI BEM, OS NEGÓCIOS VÃO MELHOR AINDA

É MUITO MAIS FÁCIL FAZER O NEGÓCIO DAR CERTO QUANDO O CASAL ESTÁ EM SINTONIA. UM DOS PILARES PARA ISSO É O DIÁLOGO.

Uma grande descoberta que fiz em minha pesquisa sobre o mindset dos empreendedores de sucesso é que eles não investem apenas em seu negócio. Eles se dedicam muito também ao seu relacionamento amoroso. E isso faz uma diferença altamente positiva em seus resultados. A lógica é que, se a vida a dois está desgastada, há uma perda de energia muito grande com discussões, críticas, embates de ideias. Com problemas no casamento, o homem ou a mulher enfrenta muitas dificuldades para ter sucesso, porque a crise no casamento tira muito o foco, pesa muito. É um fardo que divide muita energia com a performance no trabalho. Veja o que fazer para não cair nessa cilada:

Não tente mudar o outro, comece mudando as suas atitudes

Qual a primeira coisa que as pessoas fazem quando um casamento ou namoro não vai bem? Jogam a culpa no outro. Tudo o que acontece com elas é culpa de seu parceiro ou de sua parceira. Aí está um grande engano. Se o seu relacionamento não vai bem, a primeira atitude a tomar é olhar para dentro de si e entender por que você faz as coisas do jeito que faz. Porque as suas atitudes refletem no outro de forma positiva ou negativa. Quem diz isso é o maior guru da atualidade, Tony Robbins. Segundo ele, a chave para um relacionamento extraordinário é se livrar dos seus medos, procurar ser cada vez mais quem você é de verdade e tomar a decisão de se esforçar para dar o que puder de melhor para o seu parceiro.

Como você pode ver, não há espaço para reclamação. A mudança tem que vir de dentro. Essa é uma boa notícia, porque a escolha é sua. Imagine que você está feliz, trabalhando com foco em seu negócio, e o seu marido ou a sua esposa fala algo que faz você se sentir mal. Isso só vai incomodar se você permitir. Nesse momento, pergunte a si mesmo: *Por que esse comentário me afeta tanto? Por que meu humor muda quando ela/ele fala assim comigo? O que dentro de mim não está bem resolvido para eu me magoar tanto?*

Olhem para a mesma direção

Outra atitude inteligente é alinhar as expectativas e isso se faz... conversando! Falem sobre os seus sonhos e descubram o que cada um deseja para o futuro. Garanto que ter uma conversa franca sobre os sonhos de cada um ajuda a manter a sintonia e a motivação para fazer a relação dar certo – e o negócio também. A ideia é que dessa conversa saia um combinado em que os dois vão conseguir realizar seus objetivos. É preciso que vocês se sintam como um time que joga junto. Um pelo outro. Se tiverem filhos, joguem por eles também. E nos momentos em que estiverem conquistando as metas, tenham sabedoria para beneficiar os dois. Por exemplo, com o ganho daquele mês, é a vez da cirurgia plástica dela. No outro mês, é a vez do carro dele. E deixem sempre essa porta para o diálogo e o feedback aberta, porque grande parte dos desafios da vida a dois se resolve com comunicação.

Divórcio? Deixe como última alternativa

Para muita gente, pedir o divórcio parece a solução mais fácil quando o relacionamento não vai bem. Mas há muito a fazer antes de tomar essa decisão. Se você parar para pensar que boa parte dos problemas são causados por suas atitudes, não vai adiantar nada trocar de marido ou de mulher. Mais cedo ou mais tarde, os problemas vão voltar. É por isso que existem pessoas que estão no quarto, no quinto casamento. É por isso também que as pessoas sempre atraem o mesmo tipo de parceiro. O que acontece é que elas têm um tipo de atitude única, que sempre traz para perto de si o mesmo padrão de pessoa.

Não façam da vida a dois uma competição

É muito comum, especialmente quando o casal trabalha junto ou no mesmo negócio, haver algum tipo de comparação. Primeiro, vem a constatação: ele é melhor nisso, ela é melhor naquilo. Depois vem a vontade de não ficar por baixo. *Ah, eu vou ser melhor do que ele/ela!* Quer saber o que vai acontecer? Perda de energia e frustração. Enquanto a pessoa está tentando superar alguém em algo em que ela naturalmente não é boa, está deixando de investir naquilo que sabe fazer bem. Um dos trunfos dos casais que trabalham juntos é poder unir forças e se complementar. Então, faça mais daquilo que você faz bem e deixe para o outro fazer mais daquilo que ele tem talento para fazer. E essa dobradinha será imbatível. E vocês passarão a se admirar. Quer mais? Serão exemplo para quem está de fora.

PAPO DE SUCESSO

"Como você não deixou que os desafios da vida a dois abalassem o seu negócio?" Esse assunto rendeu muito! Os empreendedores de sucesso com quem conversei não apenas driblaram os problemas, como também investiram muito na relação. Suas atitudes são um belo exemplo de como fazer, na prática, o casamento ser uma grande parceria. Leia, inspire-se e comece a fazer o que eles fazem hoje mesmo.

Felipe Morais: "Teve um momento de desafio conjugal. Eu estava trabalhando muito, me empenhando ao máximo. Por causa disso, aquela rotina do namoro que eu vinha tendo havia anos, de encontrar toda sexta-feira e sair todo sábado, não existia mais. E, a partir do momento em que você começa a querer o sucesso, é natural entrar nesse ritmo forte. Não é suficiente trabalhar duas, três horas à noite. Você vai ter que abdicar de muita coisa. Você vai ter que respirar o negócio, da hora que você acorda até a hora que você vai dormir. Mas a Andrea Fernanda, que na época ainda era minha namorada e não tinha decidido entrar no negócio comigo, não entendia, reclamava da minha ausência. Isso fazia com que eu me questionasse: *Será que estou no caminho certo? Será que estou trabalhando tanto a ponto de afetar o relacionamento com a pessoa que eu amo?* Para resolver a situação, optei pelo diálogo e por ser muito sincero em relação aos meus objetivos. Disse para a Andrea que, naquele momento, eu estava, mais do que tudo, focado em ter sucesso, queria ser grande naquele negócio e queria que ela me apoiasse. Costumo falar que o sucesso é como a fidelidade: não adianta você chegar para sua esposa e falar assim: 'Amor, eu sou 99% fiel a você'. O sucesso também vai querer 100% de você, 99% não vai ser suficiente. Você precisa se entregar a ele. A Andrea me entendeu e veio comigo."

Mario Tramontina: "A Cris está junto em tudo, me apoiando em tudo. Nós somos uma coisa só. Nestes últimos vinte anos, ela sempre viu em mim uma vontade enorme de crescer. Jamais tivemos preguiça de trabalhar. Isso não quer dizer que as ideias batem 100%. Aliás, raramente isso acontece! Para entrarmos num consenso, é comum um conseguir vender a ideia para o outro. Para não virar briga, o que precisa é de cumplicidade. É inteligente cuidar para manter a harmonia. Quando vejo casais dentro do multinível se separando, eu acho um desperdício muito grande. Se eles conseguissem administrar os problemas nos momentos das dificuldades, que é quando eles aparecem... depois é só curtir, colher os frutos das conquistas. Eu acho um desperdício lutar, lutar e, depois que alcança o sucesso, vai cada um para um lado. O povo de Deus tem o talento de transformar benção em maldição. Tem que prestar atenção nisso e não deixar acontecer."

Samuel Azevedo: "Quando uma pessoa sai de um relacionamento, ela leva junto uma bagagem invisível que é a mala da construção da sua vida. O problema não está no parceiro que ela deixou. O problema está dentro da mala – e essa ninguém quer arrumar. As pessoas acham muito mais fácil trocar de parceiro, principalmente quando começam a fazer sucesso. Meu convite é parar para refletir. Não é muito melhor dar um tempo, segurar essa mala, ajeitar e esperar que o momento com o parceiro melhore? Não existe o milagre da grama mais verde. Se a grama do vizinho é mais verde, é porque ali teve investimento. Eu acho que está na hora de as pessoas investirem mais no relacionamento.

Deyse Thompson: "No negócio de multinível, até quando os dois têm o mesmo foco, é difícil. Então, se um não tem interesse em trabalhar junto, pelo menos não joga contra.

Colabora. Quando é o homem que está empreendendo, ele tem que pensar que é o cabeça da família e passar segurança para a mulher. E dizer algo do tipo: 'Estou indo trabalhar porque agora a gente vai ser rico, estou sendo um empresário. Então você, como minha mulher, precisa me respeitar. Se você não quer fazer o negócio, acredite em mim. O que estou fazendo é para trazer o melhor para você e para a nossa família'. Esse é o posicionamento que o homem tem que ter e que muitas vezes ele não tem. Ele se omite. Se o casal consegue se entender dentro de casa, automaticamente transfere essa mentalidade para a empresa, para o lugar aonde ele for. E o principal: vai passar para a sua rede. Porque, quando a rede reconhece que existe um casal de liderança, é igual a filho dentro de casa. Quando o filho vê que o pai ama a mãe e a mãe ama o pai, está tudo certo. Isso passa segurança."

Andrea Fernanda: "Para as coisas darem certo, elas têm que ser intencionais.

A maioria das pessoas não é mal resolvida no trabalho, é mal resolvida no casamento. Elas não conversam. Eu e o Felipe somos muito abertos para o feedback. A gente sempre se deu essa abertura e conversou de tudo com muita franqueza. Tem que gerenciar expectativas. Um pergunta para o outro: 'O que eu espero em você?'. A gente também faz combinados. Por exemplo, é raro nos verem em um mesmo evento, porque a gente acredita que, se cada um vai para um lado, a gente tem resultado dobrado. Outro combinado que fizemos foi depois que a gente casou. Eu me vi no dilema de ter uma casa para cuidar e ainda continuar trabalhando muito. Um dia, o Felipe me perguntou, nas nossas conversas extremamente francas: 'Você quer se líder ou ser esposa líder?'. Quando ele me perguntou isso, tirou um peso de mim. Depois que eu casei, meus valores mudaram muito. A minha prioridade é a casa, eu encontrei a alegria de cuidar do lar. Continuo trabalhando e viajando, mas prefiro concentrar as viagens nas mesmas datas em que ele está fora. Eu também tive que aprender a trabalhar a minha dominância. Trabalhar para não cortá-lo nas reuniões. Se alguém tem que falar, eu deixo ele falar. E me sinto extremamente bem representada. A maioria das mulheres acha que tem que diminuir o marido para ser bem resolvida ou só falar de si mesma. Eu sou muito bem resolvida, me sinto megaorgulhosa do Felipe e sinto que é um trabalho nosso. A gente tinha mais atritos quando eu brigava pela minha autoridade. A casa funciona melhor assim, e meu negócio funciona melhor assim. Todas as vezes em que eu fui aplaudida de pé, foi quando eu honrei isso."

Pastor Juliano: "A gente vive um tempo muito complicado. No aspecto do relacionamento, se trata de uma fase líquida, fragmentada, superficial. Isso se dá a partir da romantização do relacionamento, essa coisa do 'eu tenho que encontrar a metade da minha laranja'. Antigamente, as pessoas casavam e, à medida que viviam juntas, iam aprendendo a se amar. Hoje, as pessoas casam e separam pelo mesmo motivo: para serem felizes. O grande problema é que elas vivem para que o outro as faça felizes. E é claro que uma hora isso vai dar errado.

Eu casei com a Ana e prometi para o pai dela que iria fazê-la feliz. Um casamento só dura quando as pessoas têm o compromisso de cuidar uma da outra. Não interessa se você vai ficar chato, se vai ficar ranzinza. Se você pisar na bola, eu vou perdoar você e eu estarei sempre com você. Eu estou aqui. Quando o compromisso é sólido, as pessoas vão se cuidar no quitinete ou na mansão. E, geralmente, quando um cuida do outro na relação, o casal prospera, porque um está preocupado em fazer bem ao outro. A minha esposa sempre diz para mim: 'Juliano, cresça, porque, quando você cresce, eu cresço junto'."

CAPÍTULO 19

FAÇA O QUADRO DOS SONHOS VIRAR REALIDADE

ESTE EXERCÍCIO É PODEROSO: VISUALIZE O QUE VOCÊ QUER PARA SUA VIDA E TRACE UM PLANO PARA CONQUISTAR

Na virada do ano, muitas pessoas fazem uma lista de pensamentos, sonhos, coisas que desejam alcançar. A grande verdade é que, em 80% dos casos, elas vão ter desistido desses planos antes do Carnaval. Por que isso acontece? Porque elas não desenham seus sonhos de uma maneira consistente. Muitas vezes, quando uma pessoa bola uma meta de vida, um objetivo, um sonho, ela está muito motivada, feliz, com muita energia. Isso porque vislumbrou uma oportunidade bem melhor e quer fazer aquilo dar certo. Essa energia é essencial para a conquista dos seus objetivos, mas não é o único ingrediente. Vou contar a você quais são os outros passos importantíssimos para sair do sonho e partir para a realização propriamente dita.

O primeiro passo é você ter muito bem definido o que deseja. Não basta pensar. A melhor maneira de fazer isso é registrar. Pegar um papel e escrever. Assim:

Eu quero um carro novo.
Eu quero uma casa na praia.
Eu quero juntar 500 mil reais num investimento.
Eu quero fazer uma grande viagem com a minha família...

Pode escrever o objetivo que você achar importante para a sua vida!

O segundo passo é explicar por que você quer atingir esse objetivo. Isso é muito importante, talvez até mais relevante do que definir o próprio objetivo. Porque, quando você souber exatamente qual é o seu motivo, você vai saber quais são os seus valores que serão atendidos quando você atingir esse objetivo. E a busca por esses valores vai ser a força motriz para você conquistar seus sonhos. Então, pegue o papel novamente e escreva, por exemplo:

Eu quero uma casa na praia para poder curtir muitos momentos junto da minha família.

Eu quero um carro porque isso vai aumentar o meu poder pessoal e as pessoas vão me ver como alguém de maior sucesso.

Eu quero ter 500 mil reais em um investimento, porque isso vai me dar paz, tranquilidade, e eu vou ter uma autoimagem de uma pessoa vencedora.

Feito isso, você vai passar para o terceiro passo e se questionar: *O que eu estou disposto a fazer para conquistar esse objetivo?* Por que fazer essa pergunta? Por uma simples razão: se for algo realmente muito importante para você, o preço não vai ser pesado. O que é pesado quando você está indo em direção aos seus sonhos mais importantes e relevantes? Então, responda: "Qual é o preço que você está disposto a pagar?". Eu costumo contar nos meus treinamentos a história do Bruce Lee, que, antes de se tornar famoso, escreveu uma carta para si mesmo dizendo tudo o que ele gostaria que acontecesse em sua vida nos anos seguintes e o que ele estava disposto a fazer em troca. Olha só:

"Meu objetivo definitivo de vida. Eu, Bruce Lee, serei o ator oriental mais bem pago dos Estados Unidos, um superstar. Em troca disso, farei as apresentações mais entusiasmadas e vou entregar o melhor de qualidade como ator. Começando em 1970, atingirei fama mundial e, a partir daí, até o final do ano de 1980, terei em minha posse 10 milhões de dólares. Viverei do jeito que eu quero e atingirei paz interna e felicidade."

Essa carta foi escrita em 1969, um ano antes de a careira de Lee explodir. Até então, ele tinha feito apenas papéis secundários. Nessa carta o ponto mais importante é a parte em que ele escreve o que vai dar em troca. Quando ele cita isso, está assumindo um compromisso com aquele projeto.

Não vai ficar parado, esperando que aquelas palavras voltem como um presente do universo nos anos seguintes.

Portanto, o quarto passo é se perguntar: *O que eu vou fazer então? Quais serão as minhas ações efetivas e estratégias?* Porque você precisa partir para a ação e estar disposto a enfrentar as dificuldades. As pessoas não realizam suas metas de Ano-novo porque desistem nas primeiras dificuldades. Ou nem chegam a partir para a ação, já imaginando que vai ser complicado. Todas as grandes conquistas do mundo foram feitas com dificuldades. Todas as pessoas que eu conheço que tiveram grandes conquistas também passaram por desafios. E, se não deu certo de uma forma, tentaram de outra forma. Esse é o ciclo completo do quadro dos sonhos que se tornam realidade.

MENTALIDADE EMPREENDEDORA:

Eu sei o que quero, o motivo, o que estou disposto a fazer para chegar lá e parto para a ação.

CAPÍTULO 20

ENCARE OS PROBLEMAS COM GRATIDÃO

MUITAS DAS SUAS MAIORES QUALIDADES, AS COISAS MAIS BRILHANTES EM VOCÊ, DESPERTAM NUM MOMENTO DE DOR.

Vejo muita gente que não faz sucesso colocando a culpa na empresa, na pessoa que tem um cargo acima dela, na situação do país. Isto é uma coisa que o empreendedor tem que pensar sempre: *Colocar a culpa em alguém não vai adiantar, mesmo que a culpa seja realmente de outra pessoa!* Deu errado? Você vai ter que se virar. Não adianta gastar tempo, foco ou passar por uma baita questão emocional, despejando raiva e rancor em cima de alguém ou de alguma coisa que tenha acontecido. É perda de tempo, faz mal para a saúde e não vai resolver o problema.

Tenho dois amigos que são sócios e grandes empresários da indústria de vidro. Eles começaram a empreender desde muito cedo, antes dos 20 anos. Em sua trajetória, o Marcius e o André quebraram muitas vezes. Mas em nenhum momento pensaram em desistir. A cada vez que isso acontecia, eles buscavam uma saída. Era uma prova de fogo, mas que certamente os tornou mais fortes, foi lapidando suas estratégias e deixando-os mais calejados. Quebrar foi fundamental para que hoje eles conseguissem se estabelecer com uma das empresas fortes do ramo, faturando milhões, e com planos de expandir ainda mais.

Talvez você me diga: "Ah, André, falar é fácil, mas viver um problema desses – ainda mais financeiro –, ficar devendo para todo mundo, é complicado demais!". Concordo com você. E o Marcius também: "Na hora em que quebra, tem gente que se dá por vencido, mas é nesse momento que vira a chave. Para cada coisa dar certo, ela já deu errado umas 50 vezes". Por isso, a minha proposta é que você mude a maneira de encarar isso. E o André dá uma pista: "Você tem a obrigação de tirar o positivo de todo problema. Não importa o quê. Pode ser melhoria, pode ser aprendizado. Isso vai confortar você, ajudar você a ser positivo. E, muitas vezes, você vai falar no futuro: 'graças a Deus que me aconteceu isso'".

Uma maneira de não se deixar paralisar pelas dificuldades é ser grato por elas. Todos os momentos difíceis que você vive fazem com que dê o seu melhor para chegar aonde está hoje.

Quando você passar a olhar os problemas dessa forma, você vai ter uma sensação de libertação.

Em um dos meus cursos, eu conheci uma senhora chamada Nair. Ela era uma mulher que trabalhava com contabilidade, finanças. Era muito bem-sucedida no que fazia. Ela foi para o meu curso porque queria trabalhar em si mesma a questão da empatia, a dificuldade que tinha nos relacionamentos. Em determinado momento, ela então se lembrou de quando era criança: a professora dela havia feito com que ela sentisse muita vergonha. Na linguagem de hoje, Nair havia sofrido bullying. Desde então, a decisão que ela tomou foi: "Eu vou ser muito inteligente, vou mostrar para essas pessoas que riram de mim que vou ser muito melhor do que elas". Por causa desse episódio, dona Nair passou a se dedicar mais que as outras pessoas e atingiu um sucesso muito grande na vida adulta.

E com você? Como é? Quando você passa por um momento de sofrimento, o que você decide? Boa parte da sua personalidade de hoje foi pautada por sofrimentos que você queria evitar, coisas que você não queria que acontecessem mais na sua vida. Esse mecanismo vai continuar daqui para a frente, fazendo você se aprimorar sempre. Muitas das suas maiores qualidades, as coisas mais brilhantes em você, despertam num momento de dor. Você concorda comigo que a Nair, no fim das contas, poderia agradecer àquela professora? Que talvez a Nair não tivesse dado seu máximo nos estudos se não tivesse canalizado sua raiva para ser a melhor? Talvez todo o potencial dela pudesse ter sido perdido por ela ter se acomodado.

Com certeza você já viveu algo que trouxe tristeza, sofrimento, dor. Certamente, você não merecia ter passado por aquilo. Isso sem falar de quando alguém propositalmente apronta uma baita sacanagem com você. Isso já aconteceu na minha vida, pode ter acontecido na sua. Esses momentos ficam marcados na nossa história. O que você sentiu quando você viveu esse momento? O que você decidiu no momento em que viveu isso? O que eu quero lhe pedir é que agradeça às pessoas que fizeram você sofrer no passado. Ter gratidão pelo carro que você tem, por uma família agradável, pelas coisas boas que acontecem na sua vida, é simples, embora tenha gente que não agradeça nem por isso.

Então, vamos nessa? Em vez de sentir revolta e desespero, experimente o sentimento de gratidão. Pense assim: *Eu sou grato por esse problema, porque ele está me forçando a ser uma pessoa melhor, a buscar soluções*. Convido você a instalar esse chip da gratidão pelos problemas no seu mindset. E também a fazer uma limpeza no seu software para perdoar os momentos difíceis pelos quais você passou. Isso vai fazer com que você se sinta leve e veja que mesmo os caminhos mais difíceis contribuíram para você estar hoje aqui, do jeito que você é.

Tenha gratidão por cada momento de sofrimento, porque aquilo lapidou – e está lapidando – você. Não é pela pessoa nem pela maldade em si. O convite que faço é que você seja grato pelos momentos que fizerem com que você dê o seu melhor para chegar aonde quer. Você vai ter uma sensação de libertação quando fizer isso. Vai tirar um peso enorme das suas costas e se sentir menos massacrado pelas dificuldades. Vai enxergá-las como oportunidades de crescimento. Pare um minuto, lembre-se disso e, do fundo do seu coração, agradeça a essas pessoas e situações pelo bem que elas acabam fazendo a você. Agradeça pelos problemas que fizeram você descobrir a força enorme que existe dentro de você.

MENTALIDADE EMPREENDEDORA:

Eu sou grato às pessoas e aos problemas que me fizeram ver a força que tenho dentro de mim.

CAPÍTULO 21

DESISTIR NÃO É UMA OPÇÃO

A MAIORIA DAS PESSOAS COM RESULTADOS MEDIANOS OU BAIXOS FALHA NO QUESITO PERSISTÊNCIA.

Quando uma criança vai aprender a andar, primeiro tenta ficar em pé. No começo, se mantém um segundo em pé. Aí já dá aquela balançadinha e cai de bumbum no chão. Faz várias tentativas dessas até conseguir ficar de pé com firmeza. Depois, ela vai arriscar os primeiros passinhos. Um passo, quaaaaaase dois e... vai ao chão de novo. Ela vai lá e tenta de novo. Tenta de novo. E mais uma vez. Você já viu alguma criança falar: "Ai, essa coisa de andar não é para mim"? Não! Ela vai tentar até conseguir. O mesmo acontece com pessoas que têm o chip do sucesso instalado em sua mente. Para elas, desistir não é uma opção. Elas têm uma convicção de que uma hora vai dar certo. Mesmo que precisem fazer, fazer, fazer dezenas de vezes até conseguirem. É essa atitude que divide as pessoas de sucesso das demais.

A maioria das pessoas com resultados medianos ou baixos falha aí, no quesito persistência. Elas tentam, mas não conseguem. Então, jogam logo a toalha. E já vão elaborar explicações para justificar o fracasso. Usam as famosas desculpas verdadeiras – ou seja, falam aquelas coisas de que ninguém pode discordar, porque até fazem sentido. Dizem que não levam jeito. Dizem que não vai dar certo. Dizem que não vão ter dinheiro para aquilo. Quer saber uma coisa? Essas desculpas só fazem sentido para quem não vê o sucesso como ÚNICA OPÇÃO. Segundo a professora de Psicologia na Universidade de Stanford, Carol Dweck, autora do best-seller *Mindset: A nova psicologia do sucesso* (Objetiva), essas são as chamadas pessoas de mindset fixo. Elas julgam que tudo é estático, imutável. Por exemplo, acham que ou a pessoa já nasceu pronta ou não há nada que se possa fazer a respeito. Para as pessoas de mindset fixo, expor-se é uma coisa terrível. Elas buscam tirar boas notas, batalham para conseguir um cargo, ter um título e se fixam ali. Não se expõem mais. O fracasso para as pessoas de mindset fixo é terrível. Passar vergonha, ser rejeitado é a pior coisa que pode acontecer na vida delas. Então elas buscam a todo tempo se proteger. Até nas amizades! Elas buscam ficar próximas de pessoas que vão confirmar que elas de fato são competentes, inteligentes. Elas buscam essa aprovação o tempo todo.

Entre as pessoas que têm mindset fixo, o sucesso é para poucos, é um dom fora do comum. É muito mais fácil dizer que uma pessoa tem um dom fora do comum do que reconhecer um esforço fora do comum. Carol Dweck diz que, para quem tem o mindset de crescimento, todo mundo pode ter sucesso. Isso implica sair da sua zona de conforto, ter força de vontade, resiliência e disciplina acima da média. As pessoas com mindset de crescimento são movidas pelo desafio. Elas olham o fracasso como uma maneira de aprender. É claro que não comemoraram um fracasso, mas ao menos entendem que aquilo foi mais um passo para a evolução delas. Quando você admira uma pessoa que tem um sucesso incrível hoje, você está vendo uma fotografia do momento atual dela. Está olhando o ponto alto da carreira dela, o ponto alto de esforço. O que a gente muitas vezes esquece é que, para chegar aonde chegou, essa pessoa passou por um processo. Muitas vezes ela fracassou e continuou tentando, evoluindo.

Quando você encontrar uma pessoa de sucesso, pergunte-lhe como ela fez. Pergunte quantas vezes ela teve de recomeçar e tentar. Você também pode estudar biografias de pessoas de sucesso. A trajetória nunca é fácil! Você vai ver que deu errado um monte de vezes. Um monte de gente falou para ela que não ia dar certo. Walt Disney? Um monte de coisa deu errado na vida dele. Mas ele continuou. Ele falou: "Eu vou conseguir, eu vou melhorar, porque tudo o que acontece na nossa vida serve para alguma coisa. Mas eu já errei dez vezes! Então faça onze!".

Certa vez, um executivo de uma multinacional fez uma operação equivocada e perdeu 1 milhão de reais. Morrendo de vergonha, ele se reportou ao presidente do conselho e falou: "Olha, estou colocando meu cargo à disposição, vocês me desculpem. Realmente a operação deu errado". O presidente respondeu: "Eu não vou aceitar a sua carta de demissão. Nós acabamos de investir 1 milhão de reais na sua educação". O melhor aprendizado veio de um erro enorme e que custou bem caro. Essa pessoa nunca mais vai falhar naquele ponto. Vale por uma MBA inteiro! Entende isso?

Então, esteja aberto para aprender com tudo o que acontecer. Seu plano deu errado? Ótimo! Você tem uma nova capacidade, pois entendeu que aquilo não dá certo. Você não vai seguir por esse caminho de novo. Parta para uma nova tentativa. Thomas Edison aprendeu mil e não sei quantas maneiras de NÃO fazer uma lâmpada elétrica. Até que chegou uma hora em que ele fez.

O que eu posso garantir para você? Que até certo ponto, até você se apropriar de um conhecimento, vai dar muito trabalho. A boa notícia é que depois você vai fazer aquilo e nem vai perceber. Não vai dar mais tanto trabalho.

O que mais esgota a nossa energia é pensar. Não existe nenhuma atividade que canse mais do que pensar. Não é carregar caixa, não é capinar um terreno, não. Então, comece a treinar o seu cérebro para quebrar paradigmas, para pensar de formas diferentes, porque isso cansa mesmo.

Nunca vão existir condições externas favoráveis, nunca. Nunca vai haver a condição ideal. Não vai existir isso. A diferença é que quem tem sucesso persiste quando todo mundo acha que não vai dar mais. O que torna as pessoas de sucesso diferentes é que elas lidam com cada fracasso de uma maneira positiva. Por mais que fiquem desapontadas, erguem a cabeça e acreditam que, se o dia de hoje não foi bom, é porque amanhã será excelente. Elas têm certeza de que o resultado virá. Muitas vezes, não conseguem prever o futuro para saber exatamente como vai se dar todo o processo – ou seja, quais são as vendas que vão fazer, qual será o cliente que vai comprar mais, qual será o negócio mais rentável. Mas elas acreditam que terão capacidade para resolver os problemas que podem eventualmente surgir no dia a dia.

Uma pessoa que vejo como referência ao pensar nessa motivação diária é Sandro Rodrigues, presidente do grupo Hinode. Ele aprendeu a persistir diante das dificuldades e a procurar todos os dias se tornar uma pessoa melhor, com a certeza de que é possível vencer, mesmo nas situações mais adversas. As dificuldades enfrentadas por ele não foram poucas. Em 2011, a Hinode sofreu um duro período, com um endividamento 6 vezes maior que o seu faturamento. As perspectivas do diretor da empresa eram as piores: em março do ano seguinte, iriam à falência. Mas algo em Sandro não o deixava jogar a toalha, mesmo diante de uma realidade tão ruim que deixava o caminho turvo, sem nenhuma certeza no horizonte. Em seu best-seller *Crença inabalável* (Buzz), ele conta: "A cada dia era como se as coisas piorassem. (...) Dentro de mim, algo dizia que existia uma saída, mas eu não conseguia enxergar nada. Como confiar em algo que eu não podia ver nem tocar? Ao mesmo tempo, eu não conseguia me dar conta de que algo incrível acontecia: eu negociava com o banco e com os fornecedores, e, no dia de pagar os 40 funcionários, milagrosamente tínhamos o dinheiro em conta.

Exatamente a quantidade necessária. (...) Mas não tínhamos atravessado tudo aquilo para morrer debruçados na areia, sem fé nem esperança. Tínhamos certeza de que poderíamos virar o jogo e ver o céu nascer de outro jeito". Quando você não para diante das dificuldades, algo poderoso acontece.

MENTALIDADE EMPREENDEDORA:

Nunca vou deixar um obstáculo se tornar uma justificativa para desistir.

CAPÍTULO 22

VIVA A SUA CAUSA. LIDERE!

O LÍDER DOS NOVOS TEMPOS NÃO OFERECE VANTAGENS, NÃO OFERECE DINHEIRO, NÃO OFERECE UM CARGO. ELE OFERECE UMA CAUSA, UM PROPÓSITO MAIOR.

Conforme for construindo sua trajetória empreendedora, você vai se transformar. Vai se apropriar dessa mentalidade de sucesso, e os primeiros resultados irão aparecer. O caminho natural é você trazer mais gente para sua rede. Serão pessoas que vão se identificar com a sua história e querer seguir o mesmo caminho. No momento em que isso acontecer, você se tornará um líder. Para ter um grupo unido a você, o que mais vai importar é o seu exemplo e o que você inspira. Isso vai trazer o que a gente chama de engajamento.

Todos nós procuramos uma causa, e as pessoas se sentem bem participando de algo maior. Se você deseja ser um líder, concentre-se em uma causa que seja verdadeira para você, no motivo maior que fez você entrar no negócio, no melhor sentimento que o sucesso lhe traz e comunique isso. Aí você terá seguidores. Foi nisso que pensou Steve Jobs quando estava precisando de um CEO para a Apple. E o melhor, o homem mais indicado que existia naquela época era John Scooley. Ele era o CEO da Pepsi. Steve Jobs sabia que, em termos financeiros, não conseguiria trazê-lo para sua empresa. Então, ele se sentou com o John e perguntou a ele: "Você vai querer ficar vendendo água com açúcar para as pessoas pelo resto da sua vida ou você quer vir comigo mudar o mundo?". Essa história ilustra muito bem qual é o perfil do novo líder. O líder dos novos tempos não oferece vantagens, não oferece dinheiro, não oferece um cargo. Ele oferece uma causa, um propósito maior. É isso que vai agregar pessoas a você. Busque algo que esteja acima de você, algo maior, que deixe um legado. Pense: *O que posso oferecer de único e relevante para as pessoas que vão trabalhar comigo?*

No momento de apresentar o seu plano para uma pessoa, você precisa mostrar para ela todo um pacote de estilo de vida. O modo como você age – e tudo o que você faz – é que vai atrair as pessoas que vão querer trabalhar com você. Por exemplo, se você vende produtos de beleza, faz todo sentido você cuidar da sua aparência e estar sempre bem arrumado. A melhor forma de liderar é pelo exemplo. Então, se deseja passar algo para sua rede, comece com você, estando inteiro em seu negócio. "Eu percebo nos líderes uma característica de humildade, de entrega e quase que uma inocência que gera integridade. Um líder não tem o coração em muitos lugares. Tem o coração num lugar só. Quem olha de fora, vai perceber que não tem um plano B", diz o pastor Juliano.

Quer outro conselho para formar sua rede? Dê oportunidade para todas as pessoas e se deixe surpreender. Nos meus estudos com as pessoas de mentalidade de sucesso, percebi que elas, como líderes, acabam apostando mais fichas em pessoas parecidas consigo mesmas, como se fosse um espelho. Mas isso não precisa, nem deve ser uma regra. Como você já sabe, não existe um perfil de sucesso; o que existe é o brilho nos olhos, a vontade de vencer. Então, dê oportunidades para todas as pessoas. E as que tiverem mesmo essa vontade vão ficar. E não se importe tanto com a quantidade, mas, sim, com a qualidade. "Como Jesus liderou? A partir de poucas pessoas. Antes de se preocupar com a multidão, tem que se preocupar em chamar poucos para perto", diz o pastor. Chame-as para perto, mostre o caminho, vá junto, envie, traga de volta e depois deixe que elas façam sozinhas. E, na hora de avaliar o resultado, preocupe-se mais em olhar a essência das pessoas. Se você seguir esses passos, já terá um bom começo como líder.

MENTALIDADE EMPREENDEDORA:

Eu lidero pelo exemplo.

CAPÍTULO 23

COMECE HOJE A SUA MISSÃO

Diz a lenda que, certa tarde, um velho índio Cherokee contou ao neto uma história sobre a batalha que acontece no interior das pessoas. "Meu filho, a batalha é entre os dois lobos que existem dentro de nós. Um é mau. É a raiva, a inveja, o ciúme, a tristeza, o arrependimento, a cobiça, a arrogância, a autocomiseração, a culpa, o ressentimento, a inferioridade, as mentiras, o falso orgulho, a superioridade e o ego. O outro é bom. É a alegria, a paz, o amor, a esperança, a serenidade, a humanidade, a bondade, a benevolência, a empatia, a generosidade, a verdade, a compaixão e a fé". O neto pensou por um minuto e perguntou ao avô: "Qual dos lobos vence?". O velho Cherokee respondeu simplesmente: "Aquele que você alimentar".

Conto essa história para convidar você a refletir: O que é um desejo ardente ou que você simplesmente gostaria? Como é que você quer se lembrado e qual é o legado que você quer deixar? Você nasceu para brilhar e tem uma missão gigantesca pela frente. O seu sucesso está à sua espera. E ele só depende de você alimentar a sua mente com o bem, com pensamentos positivos, com vontade de fazer acontecer, com fé, pois você já nasceu com todas as qualidades que são necessárias para isso.

Você pode ter mentores, pessoas que orientem você, que você admira. Você pode usar estratégias de outras pessoas, mas a sua missão é única. É algo que só você vai poder fazer. Busque essa verdade dentro de si. Assuma esse compromisso de fazer despertar em si a mentalidade de sucesso. Quando viver sua missão plenamente, você viverá sua essência, e tudo ficará mais leve. A coisa vai acontecer mais naturalmente. Você se sentirá em paz fazendo o que tem de ser feito, nem vai perceber o tempo passando.

Vá em frente nesse projeto de mudar a sua mentalidade. Permita-se entrar em uma nova realidade de sucesso, com muito mais prosperidade, autoestima e possibilidades de criar um corrente do bem, ajudando outras pessoas a seguirem o mesmo caminho. Acredite! A força está dentro de você. Você pode muito mais do que imagina.

AGRADECIMENTOS

Quero agradecer primeiro a Deus por ter me guiado em suas mãos e cuidado de minha caminhada desde o começo.

Agradeço aos meus pais Sergio e Maria Amália por todo o carinho e dedicação que tiveram comigo. Que eu possa fazê-los cada vez mais orgulhosos de seu filho. Meu irmão Frederico, por ser exemplo de perseverança e retidão.

Agradeço à minha esposa Luciana por estar comigo, sem desistir, nos momentos mais difíceis de minha vida adulta, e mesmo assim sempre consegui ver em seus lindos olhos azuis a admiração e o amor direcionados a mim. Não teria palavras para agradecer a tudo que você fez de mim. Toda a transformação que seu amor fez em minha vida.

Agradeço a todos os meus mentores – inúmeros – que não conseguiria listá-los nem usando todo o livro para isso, mas em especial ao Dr. Neil Negrelli por ter sido meu primeiro treinador e um exemplo de profissionalismo e de excelência, e que dessa forma mudou profundamente minha vida – foi uma honra estar ao seu lado por tantos anos. A Fabiana Cursino e Luiz Augusto Amaral pelas aprendizagens que tivemos ao longo desta jornada. Ao Dr. Hélio Souza Lima que me atendeu enquanto fazia a faculdade de Psicologia, me iluminando com seus conhecimentos e me lapidando tanto pessoal como profissionalmente.

Agradeço a toda a minha equipe por ter acreditado nos meus sonhos: Aline Moreira, Mariana Neri, Cecel Santelices, Emerson Vamondes, Gisa Azeredo, Katriano Moraes e Fabio Cavalcante.

Ao pessoal do Nordeste, principalmente de Fortaleza – cidade na qual vivi sete maravilhosos anos da minha vida e onde tive toda a minha equipe comigo –: Conceição Santana, Elizabeth Fernandes, Glauton Ronalt, Emmanuel Brito, Roberto Campos, Alexandre Paiva e Wagner Marinho.

Agradeço a todos que me encorajaram a escrever este livro, em especial Mohamed Gorayeb, meu grande amigo – sem você este livro não existiria.

Ao Sandro Rodrigues pela humildade de ser treinado por mim e depois disso ter me dado a oportunidade de trabalhar na sua empresa. Seu zelo pelas pessoas é o que faz seu sucesso. Você é um ser humano diferenciado, fez muita diferença na minha vida e na de mais pessoas do que imagina. Quem vê o melhor nas pessoas como você faz só pode mesmo ter uma Crença Inabalável!

Leia também outro título do selo Academia:

Escrito num estilo apurado, harmonioso e simples, *A arte de lidar com pessoas* se propõe a unir a capacitação e o humanismo, transformando a inteligência interpessoal numa grande vantagem competitiva. Neste texto, há práticas, filosofias e princípios totalmente revolucionários. Uma possibilidade fascinante de aprimoramento individual e cultural.

Acreditamos nos livros

Este livro foi composto em Adobe Garamond Pro e Libre Franklin e impresso pela Gráfica Santa Marta para a Editora Planeta do Brasil em setembro de 2019.